CONQUISTAR

ESTÁ NA MODA

CONQUISTAR ESTÁ NA MODA

Rumos para uma conquista genuína

1ª EDIÇÃO
EDSON URUBATAN

Copyright © de texto *by* Edson Urubatan
Copyright © 2017 desta edição *by* Nossa Casa

Grafia atualizada segundo o Acordo Ortográfico da Língua Portuguesa de 1990, em vigor no Brasil desde 1º de janeiro de 2009. Todos os direitos reservados e protegidos pela Lei 9.610, de 19 de fevereiro de 1998.
É proibida a reprodução total ou parcial sem a expressa anuência da editora.

Design editorial: Human Brand e Lucas Quintanilha
Imagens e ilustrações: Shutterstock.com

U82c   Urubatan, Edson.
        Conquistar está na moda: rumos para uma conquista genuína / Edson Urubatan – 1. ed. – Rio de Janeiro : Nossa Casa, 2017.
        224 p. ; 23 cm.

        ISBN 978-85-5911-012-8

        1. Ensino – Métodos. I. Título.

        CDD: 371.3

Catalogação na publicação: Fabio Osmar – CRB-7 6284

Nossa Casa
[marca do Grupo Editorial Zit]
Av. Pastor Martin Luther King Jr., 126 | Bloco 1000 | Sala 204
Nova América Offices | Del Castilho
20765-000 | Rio de Janeiro | RJ
T. 21 2564-8986
Impresso no Brasil/*Printed in Brazil*

Sumário

Para começo de conversa...	7
Os Fundamentos da Conquista	11
Primeiro Fundamento: Coletividade	37
Segundo Fundamento: Exposição	63
Terceiro Fundamento: Visão Holística	95
Quarto Fundamento: Autoaperfeiçoamento	125
Quinto Fundamento: Sabedoria	155
Então era isso...	183
Agradecimentos	184
Referências	185

Conhecendo mais o MODA — Método de Organização das Didáticas e Avaliações: 189

Segundo Protocolo: "Revisão e Aquecimento"	191
Terceiro Protocolo: "Abstração e Contextualização"	198
Quarto Protocolo: "Conceituação e Formalização"	204
Quinto Protocolo: "Avaliação e Percepção da Aprendizagem"	210
Sexto Protocolo: "Valores Sociais e Temas Transversais"	216

Para começo de conversa...

Por que certas pessoas conseguem nos atrair e nos motivar a acreditar nos seus sonhos? Como conseguem nos convencer de que é possível superar todas as dificuldades para alcançar os objetivos desejados? Qual o segredo de alguém que nos inspira confiança e nos motiva a transformar o mundo ao nosso redor?

Meu bom e querido leitor, neste livro que você tem em mãos agora, buscamos responder essas e outras questões sobre um dos princípios que consideramos fundamental nas relações humanas: **O PRINCÍPIO DA CONQUISTA**.

Nas próximas páginas, vamos discutir sobre **como algumas condutas simples podem determinar o sucesso ou insucesso nos relacionamentos que estabelecemos no âmbito pessoal e profissional, assim como nas práticas educacionais e em outras atividades profissionais que exercemos em nossas vidas**.

Você que me acompanha desde o livro *A Educação está na MODA* ou que me conhece das palestras que realizo em todo o Brasil já sabe que o princípio da conquista é o eixo que orienta o primeiro dos seis protocolos de atuação docente propostos pelo **Método de Organização das Didáticas e Avaliações (MODA)**, o qual nomeamos **Apresentação e Conquista**.

Em poucas palavras, o **Método de Organização das Didáticas e Avaliações (MODA)** nasceu de minhas próprias experiências e necessidades como professor, gestor e mantenedor de instituições de ensino, no esforço de descrever, formalizar, conceituar e sistematizar experiências e ferramentas pedagógicas que foram de grande serventia em minha trajetória na área da educação e que também podem auxiliá-lo no desenvolvimento das práticas educacionais com as quais você está constantemente envolvido.

Além disso, o MODA também pretende possibilitar àqueles que me acompanham sem ser profissionais da educação um conjunto de ex-

INTRODUÇÃO

periências, conselhos e exemplos que possam promover vivências mais prazerosas e recompensadoras, tanto no âmbito pessoal, nas relações com familiares e amigos, quanto no âmbito profissional, no contato com colegas de trabalho, sejam superiores ou subordinados.

Querido leitor que ainda não me conhece ou que ainda não teve acesso ao livro *A Educação está na MODA*, preparamos para você, no final desta obra, uma apresentação resumida dos outros protocolos do **MODA**, na qual relatamos alguns dos principais princípios, bases teóricas e práticas propostos.

Quanto ao tema deste livro, primeiramente é importante destacar que chamamos a conquista de **princípio** por ser um dos alicerces centrais do processo educacional, assim como das demais relações pessoais e profissionais que estabelecemos. Isto é, trata-se de um ideal a ser perseguido e sem o qual dificilmente alcançaremos o sucesso desejado.

Em segundo lugar, importa-nos ressaltar que o "poder de conquista" não é um dom natural ou uma virtude inalcançável à maioria das pessoas; ao contrário, **a conquista é uma habilidade que pode ser adquirida, treinada e melhorada**.

Nesse sentido, o que buscamos neste livro é mostrar que a conquista, quando desenvolvida através de ações orientadas por um conjunto de fundamentos que pretendemos definir e descrever nas próximas páginas, possibilita a construção de ambientes pessoais, profissionais e educacionais cooperativos, nos quais a motivação e o comprometimento dos participantes favorecem o crescimento intelectual, ético e profissional mútuo; em outras palavras, **a conquista promove a harmonia e a unidade de propósitos e ações que determinam o sucesso.**

Obviamente, querido leitor, o objetivo deste livro não é a proposição de um método infalível ou de uma verdade última sobre o princípio da conquista. Com certeza, a conquista já faz parte de suas práticas diárias, e o leitor já deve empreender diferentes formas de estabelecer produtivos laços emocionais com seus interlocutores.

O que buscamos aqui é transmitir a importância da conquista no processo educacional e contribuir para a otimização de sua performance em seus relacionamentos e atividades profissionais, seja em sala de aula, com os estudantes, seja nas outras dimensões de sua vida, com a família, amigos e colegas de trabalho.

Assim, amigo leitor, como já conversamos em *A Educação está na MODA*, o livro que você agora tem em mãos é feito, sobretudo, para você, educador, e para você, educando. Mas como o querido leitor aprendeu em suas vivências, ora somos educadores, ora somos educandos. Por isso, embora a sala de aula seja o espaço privilegiado de nossas discussões, você, meu querido leitor, vai encontrar neste livro também um companheiro imprescindível para melhorar suas relações pessoais, familiares e profissionais.

Deste modo, antes de sua leitura, vale a pergunta:

> **Estou disposto a realizar pequenas mudanças em minhas atitudes que poderão produzir, na prática, uma melhor performance na busca de meus sonhos e objetivos?**

CAPÍTULO 1

OS FUNDAMENTOS DA CONQUISTA

FUNDAMENTANDO A BUSCA PELA CONQUISTA

OS FUNDAMENTOS DA CONQUISTA

Meu bom e querido leitor, permita-me ser, nas páginas deste livro, um modesto condutor que o transporte pelos caminhos e veredas da conquista. Durante o roteiro de nossa viagem, em que vamos conversar sobre o que é a conquista, sobre qual a importância da conquista nas relações afetivas e profissionais que estabelecemos cotidianamente e, sobretudo, como a conquista é um princípio fundamental no sucesso que aspiramos para nossas vidas, também vou lhes contar um pouco da minha trajetória.

Quero contar para vocês como o jovem garoto que sonhava em ser oficial das Forças Armadas se tornou professor, gestor e mantenedor de diversas instituições de ensino no país e criador do **Método de Organização das Didáticas e Avaliações (MODA)**, contar o que aprendi nesse percurso e, principalmente, como o caminho que percorri está intimamente ligado à conquista, princípio que orienta o sucesso nas relações interpessoais, do qual pretendo apresentar os fundamentos, os atratores, as leis e os procedimentos neste livro. Vem comigo!

Talvez, amigo leitor, você se pergunte neste momento: o que é essa conquista da qual você fala, Urubatan?

Como o amigo sabe, a palavra conquista pode ser entendida em diferentes sentidos. Nós podemos, por exemplo, utilizar a palavra conquista para falar sobre a vitória de um atleta em uma modalidade olímpica, ou para nos referir ao domínio de um território por um exército. Também podemos falar de conquista para nos referir à realização de um objetivo pessoal à custa de trabalho, esforço e dedicação, para narrar o envolvimento amoroso bem sucedido com outra pessoa, ou ainda para descrever a atitude de atrair pessoas a uma causa comum, entre outros inúmeros exemplos.

No entanto, aqui neste livro, vamos conversar especialmente sobre esse último sentido: **o ato da conquista enquanto um princípio que, impulsionado por um conjunto de ações realizadas de forma acertada, pode proporcionar a aproximação, motivação e comprometimento de nossos interlocutores a uma causa comum.**

Mas antes de dobrarmos a esquina da "ontologia" e dos fundamentos da conquista, permita-me compartilhar um pouco de minha história. Deixe-me contar como, em minha experiência pessoal, a conquista me conduziu pelos diferentes caminhos que me trouxeram até onde estou hoje.

Meu bom leitor, a primeira pessoa que me conquistou em minha vida foi meu avô, há muito tempo. Como muitos garotos do bairro em que morava nos anos 80, eu sonhava em ser rico. Ser rico, na nossa inocência de crianças humildes daquela época, representava diferentes sonhos. Para alguns, ser rico era ter carrinho de controle remoto e ser dono de sorveteria, brincar e tomar sorvete o dia todo. Para outros, ser rico era ter muitas bolinhas de gude, potes e potes de bolinhas de gude de diferentes tamanhos e cores. Para mim, ser rico era ter casa e carro. Eu pensava: poxa, se o cara tem casa própria para morar e um carro legal para dar uns "rolês" pelo bairro, é rico. O que mais alguém poderia querer?

Mas o sonho do meu avô, que me conquistara pelo exemplo de vida, de homem trabalhador e ético que sempre lutou pelo melhor para a família, era outro. O sonho do meu avô era ter um neto oficial das Forças Armadas. Bom, como eu era o primeiro neto homem, eu pensei: por que não aproximar esses dois sonhos? Vou ser rico desse jeito, vou ter casa e carro e ser oficial das Forças Armadas. Estudei muito, superei minhas dificuldades na escola e, quando completei dezoito anos, me alistei e me tornei oficial temporário do Exército Brasileiro.

No posto de Oficial temporário, eu recebia dois mil e oitocentos reais naquela época. Como minha família era de condição muito humilde, quase todo o dinheiro que eu ganhava, eu destinava para ajudar minha mãe e meus irmãos em casa, e vivia com cerca de trezentos reais por mês. Com trezentos reais, como o leitor pode imaginar, eu era o oficial mais "duro" do Exército Brasileiro, muitas vezes precisando da ajuda dos amigos praças para necessidades básicas, inclusive alimentação.

Comprar casa e carro, então, era um sonho mais do que distante.

No quarto ano de Exército, um amigo me convidou para montar um pequeno negócio. A ideia de ter meu próprio negócio era muito bacana, afinal todos sonhamos em trabalhar e ver crescer um investimento pessoal. Mas, por outro lado, também pensava: poxa, como vou sair do Exército? Batalhei tanto para chegar aqui, tenho uma condição estável e, além do mais, estou realizando o sonho do meu avô.

Foi quando esse meu amigo me disse:

– Urubatan, as coisas estão muito difíceis aqui. Se você quiser dar uma vida melhor para sua família, comprar seu carro, sua casa, o caminho não é esse não.

A ideia de poder dar uma vida melhor para a minha família me convenceu. Depois de quatro anos no Exército Brasileiro, juntei todas as minhas economias, pedi minha exoneração e comecei o próprio negócio com meu melhor amigo.

Quatro meses depois, fali.

Desempregado, tinha perdido todas as minhas economias, estava mais duro que no tempo do Exército e sem meu melhor amigo (que na verdade não era tão melhor assim). E aí pensei: e agora, Urubatan?

Bom, eu já tinha concluído o curso de matemática e alguns períodos de física, e tinha um bom currículo. A vida segue, pensei. Não vou deixar "a peteca cair". Fui procurar emprego.

Fiz um currículo no computador de uma amiga, peguei o resto do resto do dinheiro que havia sobrado daquele investimento com meu amigo, fui à livraria e imprimi duas mil cópias do currículo.

Distribuí cópia por cópia, de loja em loja, de escritório em escritório, por dias e dias, em todos os centros comerciais do calçadão de Nova Iguaçu a Madureira. E ninguém me ligava.

O último lugar foi uma loja de tênis muito famosa no Rio. Cansado, suado, um pouco sujo de andar o dia todo, fui falar com a moça responsável pela contratação dos funcionários.

– Será que não teria uma vaga de caixa aqui na loja?

– Não tem.

– Vendedor, talvez?

– Não.

– Estoquista?

– Também não. Não temos nenhuma vaga aberta no momento.

Quando estava saindo da loja, um rapaz, bem arrumado, roupa passada, cabelo com gel, foi falar com a mesma moça.

– Tem vaga de estoquista na loja?

– Temos sim – ela disse.

O rapaz foi contratado na hora. Quase não acreditei, a mesma moça que acabara de falar "não" diversas vezes para mim contratou aquele rapaz na hora.

Fui para o calçadão e sentei. Com os olhos cheios de lágrimas, falei:

– Deus, se você tem um plano para mim me conta, porque eu não estou entendendo nada. Eu larguei o quartel, meu melhor amigo me enganou no negócio que abrimos, lá em casa a gente precisou desistir do financiamento da casa própria e estamos morando de favor, meu pai está desempregado. Deus, me dá uma pista porque eu não sei o que fazer.

Nessa hora, passaram por mim um rapaz tomando guaraná natural e o vendedor contando o dinheiro. Não vou ficar para baixo não, pensei. As coisas vão melhorar. Fui para casa, peguei duas caixas de isopor, chamei meu irmão e falei:

— "Bora" pra praia vender guaraná natural.

Alguns dias depois, enquanto estava na praia vendendo meu guaraná, cruzei com um rapaz que conhecia de vista.

— Urubatan, como que você tá, meu irmão?

— Fé em Deus e a luta continua. E você?

— Estou estudando para um concurso, mas tá difícil, tô sem grana para pagar um cursinho e sozinho é complicado aprender. Vem cá, você que é professor não podia me dar umas dicas, me ensinar aquelas matérias?

— Posso sim, claro. Português, geografia e história, posso dar uma mão, até posso orientar no geral, mas a minha área mesmo é matemática.

— Me dá uma força, então, Urubatan?

— Combinado.

E assim comecei a dar aulas particulares. Resultado: o rapaz gabaritou as provas e obteve a primeira colocação no concurso.

Aí, pensei, se posso ajudar um a realizar seu sonho, posso ajudar dois também. Fui para Mesquita, onde a gente morava, na época bairro de Nova Iguaçu, e comecei a bater de porta em porta e falar:

— Pessoal, o negócio é o seguinte: estou abrindo um cursinho preparatório para concursos, se você quiser mandar seu filho estudar lá comigo, manda, ou se puder me dar de coração uma cadeira velha para a sala, também está excelente.

O pessoal que me conhecia brincava:

— Urubatan, se você passar meu filho no concurso, eu dou a cadeira, eu dou a mesa, eu dou a cozinha inteira pra você.

O cursinho deu certo e alguns garotos foram aprovados em diferentes concursos. No ano seguinte, o cursinho já havia se tornado um curso preparatório regular no centro comercial em que eu panfletava quando era garoto. Do curso regular nasceu o primeiro colégio, que se transformou em outros colégios em diferentes lugares do Rio de Janeiro. As aprovações foram se multiplicando e, em 2007, meu nome já estava na *Folha Dirigida*. Eram aproximadamente 4.500 alunos e dezenas e dezenas de histórias de aprovação em concursos federais e vestibulares por todo o país.

Estava dando tudo certo. O ex-oficial das Forças Armadas, o ex-empresário falido, o ex-vendedor de guaraná natural descobriu-se professor. Foi ensinando aquele garoto que encontrei na praia e as centenas de outros garotos e garotas que vieram depois dele que conquistei o sucesso que desejava e, o mais importante, encontrei o que amo fazer.

Então pensei: agora é hora de conquistar um velho sonho de criança. Vou comprar um Nike para mim.

Parece brincadeira, mas aquele garoto que sonhou e conseguiu sua casa e seu carro nunca tinha colocado o pé em um tênis da Nike. Então, eu falei, vou comprar um tênis Nike para mim, desses que eu sempre sonhei, todo colorido. Estava em Mesquita, mas fui procurar lá em Nova Iguaçu por uma loja que eu sempre via quando criança e nunca pude entrar. E assim entrei pela primeira vez naquela loja em que eu e meus amigos passávamos tardes brincando de escolher calçados pela vitrine.

Mas o vendedor me tratou mal, não sei o porquê.

– Desculpa por tomar seu tempo, irmão – eu falei, e saí da loja.

Fui andando pela rua e pensando em qual o motivo daquele vendedor me tratar mal. Estava bem vestido, com dinheiro no bolso, será que não é para eu comprar esse Nike, meu Deus? Foi quando vi uma filial da loja em que havia entregado o último daqueles currículos anos atrás. Entrei. Se for para comprar meu Nike, vai ser aqui.

Uma vendedora super simpática me atendeu, foi trazendo um Nike mais bonito que o outro e acabou me mostrando todos os tênis Nike da loja. Escolhi sete:

– Vou levar esses aqui, moça.

Inexplicavelmente, a vendedora começou a chorar.

– O que aconteceu, moça? Eu falei alguma coisa?

– Não, moço, é que hoje é dia trinta do mês, as lojas estão cortando pessoal, e eu não atingi minha meta ainda. Agora, graças a você, só vai faltar mais um par de tênis.

– Faltava então, me vê mais aquele Nike ali que eu vou levar também.

A vendedora começou a pegar todos aqueles tênis, sorrindo, e eu ajudando ela, quando passou um rapaz que eu reconheci.

– Moça, quem é aquele rapaz ali?

– É meu supervisor.

– Sei que a pergunta é indiscreta, mas quanto ganha um supervisor?

– Acho que mil e seiscentos mais a comissão.

Nesse momento, comecei a chorar, copiosamente. Ela me perguntou se tinha acontecido alguma coisa, se eu precisava de um copo d'água. Eu respondi que não, que estava tudo bem, só precisava de um tempo para pensar. Paguei os tênis que eu havia comprado, saí da loja, encontrei um banco em uma praça a umas duas quadras dali e sentei.

Aquele supervisor era o garoto que tinha sido contratado como estoquista há quatro anos naquela loja de tênis. Foi então que eu entendi que Deus tinha reservado outro plano para mim, que fechou uma porta naquele dia para abrir outra. E, graças a Ele, eu já tinha conseguido comprar minha própria casa, uma casa e um carro para minha mãe, ajudado vários familiares, já tinha aberto escolas em diferentes bairros do Rio de Janeiro, desenvolvido um sistema de ensino utilizado em diferentes lugares do Brasil e criado o **Método de Organização das Didáticas e Avaliações (MODA)**, aplicado em várias instituições de ensino pelo país e também em empresas de diferentes áreas.

Enfim, querido leitor, essa é parte da minha história.

A versão resumida, claro. Pois não é só da minha história que eu quero falar com você, mas, sobretudo, do princípio que possibilitou que essa história acontecesse: **o princípio da conquista**.

Pois bem, para entendermos como esse princípio transformou e vem transformando a minha história, assim como a história de inúmeras pessoas bem-sucedidas (escritores, comunicadores, educadores, empresários, gestores, pais, estudantes), vamos refletir um pouco sobre a origem da palavra "conquista".

A palavra "conquista" vem do termo latino *conquaerere*. É a união do radical *quaerere*, que significa perguntar, procurar, obter (também encontrado nas palavras "adquirir", "inquirir", "querer"), com o prefixo *con* (partícula que traz a ideia de ação conjunta), também encontrado em palavras como comunhão, compartilhar, confiança, confraternizar.

Ou seja, pela etimologia da palavra, compreendemos que o termo conquistar aponta para ações que demandam mais de uma pessoa, ações em conjunto que dependem da união de esforços, de trabalhos, de momentos de prazer, de crenças, de alegrias e/ou de sucessos. Em outras palavras, a origem da palavra revela a primeira característica da conquista com a qual me deparei em minha trajetória: **a conquista é sempre desejar, procurar e conseguir em conjunto com o outro.**

Para melhor estruturarmos nossa reflexão sobre o ato de conquistar, vamos chamar aqui essas características principais de fundamentos. Assim, eis o **primeiro fundamento** da conquista que aqui observamos: a coletividade – a conquista nunca é um ato solitário.

Por isso, seja você um educador transmitindo o conteúdo de sua disciplina, um gestor organizando uma equipe, um líder familiar ensinando um valor a seus filhos ou um estudante apresentando um trabalho, todas as conquistas realizadas em sua vida dependem necessariamente da união com uma ou mais pessoas, estabelecida pelo carinho, pelo afeto, pela palavra, pelo gesto, pelo exemplo, pela ética. Podemos até desejar um feito, traçar uma meta, sonhar com uma realização individual; no entanto, **a conquista de qualquer propósito depende obrigatoriamente de nossa capacidade de aproximar, motivar e engajar nossos interlocutores, da sabedoria de combinar, compatibilizar e harmonizar as competências e habilidades de cada um, e da capacidade de dividir responsabilidades, atribuir funções, gratificar bons resultados e auxiliar nas dificuldades**.

Voltando ao exemplo de meu avô, não foi o seu sonho de ter um neto Oficial das Forças Armadas que me levou ao Exército Brasileiro, mas ele ter me conquistado com seu exemplo de vida e com o carinho que tinha conosco. Meu avô teve a sabedoria de me motivar, de fazer com que eu me comprometesse com seu sonho, de incentivar-me a desenvolver minhas habilidades e competências naquelas áreas que seriam necessárias para meu ingresso no Exército, de me encorajar a cada passo que eu achasse mais difícil, e de me parabenizar a cada pequena vitória. Ou seja, foi por meio da execução desse conjunto de ações articuladas que meu avô me conquistou e me convenceu a ser oficial das Forças Armadas.

Bom, conforme o amigo leitor deve ter percebido em nosso exemplo, a realização desse conjunto de ações está indissociavelmente vinculada a uma habilidade básica do ser humano, fundamental tanto para o desenvolvimento de nossas competências pessoais quanto para o progresso científico, tecnológico, social e/ou ético: **a comunicação**.

O filósofo russo Mikhail Mikhailovich Bakhtin nesse ponto observa que a interação verbal é produto da capacidade interativa dos sujeitos de dialogar, contrapor-se, concordar, discordar, questionar, ironizar, esperar respostas e responder. Ou seja, é por meio dela que podemos compartilhar, sugerir, instigar, convencer e comprometer nosso interlocutor com um objetivo, uma meta ou um sonho que desejamos realizar.

Por exemplo, Silvio Santos, o apresentador de televisão mais conhecido do Brasil, alcançou seu sucesso justamente devido à incrível habilidade de comunicação e espetacular competência em motivar e engajar os interlocutores. De vendedor ambulante a "dono do Baú", esse grande apresentador também passou pelos ofícios de locutor de rádio e de apresentador de espetáculos em caravanas de artistas, até iniciar o empreendimento com o qual alcançou extraordinário sucesso de audiência e popularidade, o *Baú da Felicidade*.

Jocosamente, o "homem do Baú" atribui seu êxito financeiro – que possibilitou a compra de diversas empresas, uma instituição bancária e sua própria emissora de televisão – aos ensinamentos aprendidos de um domador de circo: "o público é como um leão, se você tiver medo, ele te devora!". Embora a coragem seja evidente em sua trajetória de empreendedor, o próprio Silvio tem consciência de que seu sucesso somente foi possível porque ele soube como se comunicar e como conquistar o seu público. A maneira carinhosa com que sempre interagiu com os telespectadores, a irreverência, o bom humor e, especialmente, a habilidade de adotar diferentes abordagens de acordo com o perfil da plateia possibilitaram que um incrível número de pessoas se sentissem satisfeitas, motivadas e comprometidas com os ideais e as ideias do apresentador. A conquista desses inúmeros interlocutores possibilitou a Silvio Santos realizar sua trajetória de sucesso.

Talvez, neste momento, o leitor queira me dizer: Urubatan, o que você acabou de contar é um problema para mim. Eu sou uma pessoa tímida, sei que não sou um excelente comunicador, tenho certa dificuldade de me expressar em público, sou uma pessoa reservada, que não conversa muito etc. Se a conquista está diretamente vinculada ao potencial comunicativo, acho que essa habilidade da conquista não é para mim.

Calma, meu amigo, deixe-me explicar melhor. A conquista está diretamente vinculada ao potencial comunicativo sim, mas o que chamamos de comunicação neste livro não se restringe à interação verbal que Mikhail Bakhtin destaca. Não se trata apenas da habilidade oratória; várias outras competências se articulam na comunicação: a postura corporal, os gestos, a forma de se vestir, a coerência nas ações e propósitos expostos, entre outros diversos exemplos que pretendemos discutir com maior profundidade no capítulo destinado a nosso **segundo fundamento** da conquista: [a exposição](#).

Neste fundamento, vamos observar, sobretudo, como necessitamos de uma avaliação favorável para a conquista, pois é a partir dela que podemos desenvolver um ambiente de cooperação mútua e emocionalmente positivo. Por isso, convidamos o querido leitor a refletir neste fundamento sobre a maneira como expomos signos verbais, visuais, auditivos e táteis em nossos ambientes de trabalho e de interação com familiares, e a avaliar se essa exposição é percebida positiva ou negativamente por nossos interlocutores – em outras palavras, se estamos conseguindo nos apresentar, reapresentar e fazer-nos perceber positivamente. Neste fundamento, também vamos verificar se estamos tendo sabedoria em expor nossas crenças, nossos valores, nossos sentimentos e os bens materiais e imateriais que fazem parte de nossa vida.

Em seguida, conversaremos sobre nosso **terceiro fundamento** da conquista: a <u>visão holística</u>. Neste fundamento, observamos que a conquista também decorre da nossa capacidade de compreender rapidamente as diversas nuances que constituem os ambientes em que atuamos, como também, de promover a construção de espaços éticos e colaborativos que proporcionem experiências educacionais mais significativas e duradouras para os estudantes.

Como construir um ambiente de cooperação, respeito mútuo e comprometimento com um mesmo fim é uma das perguntas que buscamos responder no fundamento da visão holística.

Para responder a essa questão, desdobramos o conceito de visão holística em três formas particulares de percepção: a **visão da parte**, que é o entendimento em separado dos elementos que compõem um todo; a **visão global**, que é a percepção dos fenômenos em um horizonte no qual é possível visualizar a soma das partes do cenário; e a **visão sistêmica**, que é a compreensão das ações, das interações, das retroações, das determinações e, inclusive, dos acasos que decorrem das inter-relações estabelecidas entre as partes inseridas em um todo.

Igualmente, observamos nesse fundamento que a educação é um modo de amar e um ato de responsabilidade com o próximo. Por isso, a construção de um ambiente positivo perpassa pelo **atrator "estar presente"**. Na esteira do filósofo francês Gilles Lipovetsky e do sociólogo polonês Zygmunt Bauman, observamos que a conectividade das redes sociais, à medida que amplifica o estabelecimento de relacionamentos virtuais, paradoxalmente diminui nossa capacidade de estabelecer laços afetivos duradouros, de sentir-se pertencendo a um só corpo, de edificar laços cooperativos etc. E assim dividimos o **atrator "estar presente"** em três dimensões principais: a **dimensão pessoal**, na qual devemos estar atentos aos próprios comportamentos que destacam o estar genuinamente presente; a **dimensão institucional**, na qual é importante atentar às particularidades e às demandas de cada instituição escolar em que atuamos; e a **dimensão cultural**, na qual é imprescindível buscar compreender, valorizar e agir de acordo com a cultura de cada escola, como também reconhecer e respeitar as crenças e os valores presentes na comunidade.

Por fim, discutimos nesse fundamento a **estratégia do oceano azul**, desenvolvida pelos professores Chan Kim e Renée Mauborgne da área de marketing e administração, aplicada aos ambientes educacionais. Assim como esses autores destacam a importância de agregar a produtos e serviços atributos que os diferenciem dos demais, possibilitando uma fuga da zona da comoditização, lugar de embate entre os concorrentes, também buscamos evidenciar, no âmbito educacional, como evitar áreas de ampla concorrência e buscar nosso diferencial em nossas singularidades.

No **quarto fundamento** da conquista, o **autoaperfeiçoamento**, conversamos sobre o esforço diário em melhorar a si próprio a fim de tornar-se uma pessoa a cada dia mais capaz de conquistar seus interlocutores e seus objetivos.

Observamos, neste fundamento, que o primeiro passo para o autoaperfeiçoamento é o conhecimento de si, procurar compreender aquilo que somos, conselho já presente na máxima "**Conhece-te a ti mesmo**", inscrita na entrada do templo de Delfos e o ponto de partida da filosofia socrática.

Para tal fim, desenvolvemos nossa reflexão a partir de quatro eixos que consideramos centrais no autoconhecimento: "Aquilo que se é", nossa personalidade no sentido mais amplo do termo; "Aquilo que se tem", as propriedades materiais (casa, carro, apartamento, computador, livros etc.)

e imateriais (relacionamentos familiares, afetivos, profissionais etc.) que adquirimos em nossas vidas; "Aquilo que se representa", o entendimento que os outros apresentam sobre nossa ética, posição social e fama; "Aquilo com que se sonha", reflexão sobre quais dos nossos sonhos realmente desejamos transformar em projetos e estamos realmente dispostos a empreender os esforços necessários para sua realização.

Posteriormente, conversamos sobre o segundo passo do autoaperfeiçoamento: o cuidado de si, isto é, o conjunto de ações e de comportamentos que possibilitam o aperfeiçoamento pessoal e, consequentemente, a conquista de nossos objetivos.

Observamos que o **cuidado de si** implica uma mudança no nosso modo de ver, de compreender e de interagir com aquilo que nos cerca em três dimensões: a) no modo de estar e compreender-se no mundo; b) na maneira de praticar as ações que nos são atribuídas; c) na forma como estabelecemos nossas relações com o próximo.

No modo de estar e compreender-se no mundo, destacamos **o atrator "o exercício das virtudes"**, que envolve a percepção daquilo em que somos melhores e a sabedoria de investir nosso tempo e/ou recursos financeiros nos "pontos fortes" de nossa personalidade, de aperfeiçoar aquilo que há de melhor e mais valorizado em nós.

Também destacamos nessa dimensão do cuidado de si **o atrator "o superar das limitações"**, que envolve saber perceber (ou ouvir de outras pessoas) as próprias imperfeições; deixar de justificar sem refletir se nossas ações e comportamentos condizem com os objetivos que desejamos alcançar; e evitar naturalizar um comportamento negativo utilizando como justificativa uma característica de nossa personalidade sem tentar mudá-lo.

Na dimensão do cuidado de si que se refere à "maneira de praticar as ações que nos são atribuídas", conversamos sobre **o atrator "evitar a**

autossabotagem e a procrastinação", no qual destacamos a necessidade de **evitar comportamentos retroativos** que, consciente ou inconscientemente, nos afastam de nossos objetivos, de nosso foco e de **assumir comportamentos proativos**. Observamos que a autossabotagem acontece quando você se torna seu próprio adversário e contribui, consciente ou inconscientemente, para o próprio insucesso, e a procrastinação, "o deixar para depois", decorre, por vezes, de um receio ou medo que nos conduz à não ação, à prorrogação por tempo indeterminado de ações necessárias para a realização de nossos objetivos.

Por fim, na dimensão do cuidado de si que se refere à "forma como estabelecemos nossas relações com o próximo", destacamos a importância do **atrator "o cuidar do próximo"**, no qual observamos que o autoaperfeiçoamento também é um olhar para o outro, e que a lembrança de nossa responsabilidade com o próximo deve nos fazer romper a inércia e sair de nossa zona de conforto em busca do aperfeiçoamento que vai transformar tanto a mim quanto àqueles com quem me relaciono profissional e pessoalmente.

O **quinto fundamento** da conquista, e também o último, é a <u>sabedoria</u>. Observamos neste fundamento que a sabedoria é saber e sabor, isto é, se, por um lado, a palavra saber aponta para um conjunto de competências e habilidades cognitivas que desenvolvemos durante a vida, por outro, a palavra sabor nos leva à experimentação da vida, a vivenciá-la em todas suas cores, texturas, aromas, gostos, a projetar variados objetivos, a prever diferentes circunstâncias e a criar infinitas possibilidades a partir da vivência de nossas experiências.

Para melhor expor esse pensamento, relacionamos nossas competências cognitivas a três termos distintos: a inteligência, que definimos como a capacidade de "chegar a saber", de receber determinadas informações; a erudição, que estabelecemos como a capacidade de armazenar conhecimentos; e a sabedoria, que envolve a capacidade de recebermos as informações (inteligência), o quanto investimos em nossas potencialidades (o tempo e o dinheiro que aplicamos em nossa erudição) e, principalmente, a habilidade de produzimos respostas eficazes aos problemas que se apresentam em nosso dia a dia.

Neste sentido, observamos que a sabedoria envolve escolher o atrator correto na hora certa, ser capaz não apenas de conhecer, mas, sobretudo, de utilizar o conhecimento para resolver da melhor forma possível os impasses e dilemas com os quais nos deparamos, assim como saber orientar os conquistandos a alcançar os fins propostos.

Pois bem, meu querido leitor, eis os cinco fundamentos da conquista sobre os quais vamos conversar nesta obra. Antes, ainda, vamos falar sobre outros dois termos que serão fundamentais para a compreensão de nosso livro, o conceito de **atrator** (que o leitor já observou nas páginas anteriores) e o conceito de **distrator**.

OS FUNDAMENTOS DA CONQUISTA

28 RUMOS PARA UMA CONQUISTA GENUÍNA

OS ATRATORES E DISTRATORES DA CONQUISTA

Até aqui, amigo leitor, observamos que existem inúmeras possibilidades de conquista: uma medalha olímpica, a casa dos sonhos, a amizade de alguém importante, a prosperidade da família, uma formação acadêmica, o sucesso profissional etc. Também vimos que a conquista nunca é um ato solitário, sempre envolve a participação, a colaboração e o comprometimento de outras pessoas; ou seja, mesmo que as possibilidades de nossos sonhos sejam infinitas, podemos conquistar tudo que desejarmos, desde que nossos esforços sejam somados aos esforços de outras pessoas que acreditem e confiem em nossas aspirações.

Não há, entretanto, variável totalmente controlável ou procedimento infalível que possa garantir a participação, a colaboração e o comprometimento de outras pessoas em nossas aspirações e o consequente êxito na conquista; exceto o esforço.

O esforço é o único fator do qual temos pleno controle. Nossa força de vontade em realizar as ações necessárias para alcançarmos o sucesso é a única variável que podemos gerenciar totalmente.

Por isso, amigo leitor, reitero a pergunta: **estou disposto a realizar pequenas mudanças em minhas atitudes que poderão produzir, na prática, uma melhor performance na busca de meus sonhos e objetivos?**

Caso a resposta seja positiva, querido leitor, o que vamos explorar neste livro são diversas possibilidades de utilizar nossos esforços da forma mais adequada possível para a realização de nossos sonhos.

Até o momento, observamos que o princípio da conquista está alicerçado em cinco fundamentos:

Primeiro fundamento: <u>a coletividade</u>, no qual perseguiremos a compreensão de que a conquista nunca é um ato solitário.

Segundo fundamento: <u>a exposição</u>, no qual vamos buscar o entendimento de que necessitamos de uma avaliação favorável para a conquista, pois é a partir desta avaliação que podemos desenvolver um ambiente de cooperação mútua e emocionalmente positivo.

Terceiro fundamento: <u>a visão holística</u>, no qual vamos nos empenhar em compreender que a conquista também decorre da nossa capacidade de compreender rapidamente as diversas nuances que constituem os ambientes em que atuamos, como também, de promover a construção de espaços éticos e colaborativos.

Quarto fundamento: <u>o autoaperfeiçoamento</u>, no qual vamos procurar abraçar a convicção da importância do esforço diário em melhorar a si próprio a fim de tornar-se uma pessoa capaz de conquistar seus interlocutores e seus objetivos.

Quinto fundamento: <u>a sabedoria</u>, no qual vamos lutar para compreender os mecanismos da sabedoria, que envolvem a inteligência, a erudição e a habilidade de produzimos respostas eficazes.

Pois bem, querido leitor, estes fundamentos são os alicerces e as **CEVAS** da conquista.

Entendemos aqui a palavra "cevas" não como a isca que o caçador utiliza para capturar sua presa, mas no sentido mais próprio da palavra: **alimento**. Assim como não há vida sem nutrição, assim como não há crença sem fé, também não há conquista que perdure no tempo sem os alicerces/alimentos da coletividade, da exposição, da visão holística, do autoaperfeiçoamento e da sabedoria.

No entanto, antes de prosseguirmos com a exposição detalhada das cevas da conquista, precisamos nos familiarizar com outros dois conceitos imprescindíveis para a consolidação de cada um desses alicerces que orientam a conquista, seja em nossas relações familiares, seja em nossas atividades profissionais. Em outras palavras, os conceitos que vamos apresentar aqui são as forças que determinam o sucesso ou o insucesso de nossas relações pessoais; forças que chamamos de **atratores** e **distratores**.

Tais forças orientam a dinâmica do ato da conquista, é a partir delas que devemos estruturar e organizar nossas atividades como educadores e como líderes que procuram conquistar a atenção, motivação e compromisso de nossos interlocutores.

Mas o que são os atratores e distratores das relações pessoais?

Bom, vamos iniciar com a história do conceito.

A noção de atratores foi desenvolvida pelo meteorologista, matemático e filósofo estadunidense Edward Norton Lorenz.

Na década de 60, nos laboratórios de meteorologia do MIT — Massachusetts Institute of Technology, Edward Lorenz pesquisava cálculos matemáticos que possibilitassem uma melhor previsão das condições climáticas quando percebeu que mesmo sistemas complexos, com inúmeras variáveis e aparentemente caóticos, apresentavam pontos previsíveis para os quais pareciam se mover.

Em outras palavras, embora a série de desdobramentos possíveis de um sistema complexo (como a previsão meteorológica ou, em nosso caso, as relações sociais) seja aparentemente infinita, a observação desses sistemas possibilita a delimitação de alguns dos locais de estabilidade e trajetórias para os quais os sistemas caminham e **os atratores são justamente locais de estabilidade e trajetórias para as quais sistemas complexos convergem.**

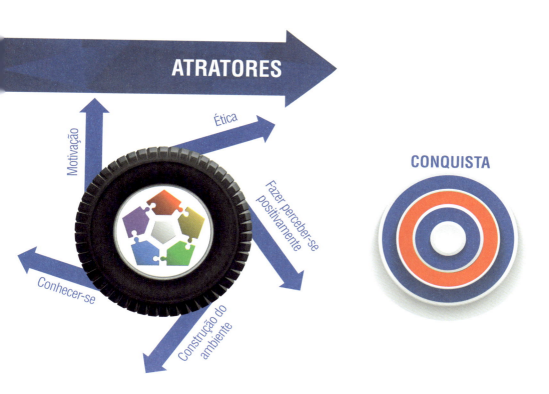

Para ilustrar melhor o conceito, vamos supor que você está em um campo com o ex-atleta da seleção brasileira Roberto Carlos, conhecido como dono de um dos chutes mais potentes da história do futebol. Se eu pedisse que os dois chutassem uma bola com toda a força, provavelmente a bola chutada por Roberto Carlos iria muito mais longe do que a que você chutou. No entanto, assim como a bola que você chutou, aquela chutada por Roberto Carlos também pararia em determinado momento. Desse modo, embora dificilmente seja possível apontar a trajetória e o local exato de parada de cada uma das bolas, podemos considerar que, independentemente da energia empregada contra a bola de futebol, a gravidade e o atrito são atratores que vão orientar a tendência final do movimento da bola: a inércia.

Outro exemplo interessante que também pode nos ajudar na compreensão do funcionamento dos atratores é sugerido pelo professor Erik Fleischer da University of Victoria, no Canadá. Pense no movimento de uma bandeira hasteada. Aparentemente, a bandeira move-se de forma totalmente aleatória, realizando diferentes e imprevisíveis movimentos e assumindo variadas formas, e é pouco provável que alguém dissesse ser capaz de prever cada oscilação da bandeira (e, caso dissesse, dificilmente seria levado a sério).

No entanto, embora o movimento da bandeira seja aparentemente imprevisível, nós sabemos que nem todos os movimentos são possíveis. Jamais cogitaríamos, por exemplo, ver a bandeira oscilando em direção contrária à direção do vento, ou ainda, observá-la completamente caída, sem nenhum movimento, durante uma tempestade. Em outras palavras, mesmo não sendo possível a previsão de cada movimento da bandeira, intuitivamente sabemos os movimentos que podem ser observados.

Voltando a nosso tema da conquista, o que esses dois exemplos nos auxiliam a compreender é que, embora sejam imprevisíveis todas as circunstâncias, implicações e desdobramentos que ocorrem nas relações interpessoais, podemos prever determinados locais de estabilidade e trajetórias que são prováveis, como no caso da bola chutada por Roberto Carlos, e outros que são improváveis, como no caso da bandeira oscilando em direção contrária ao vento. E é essa possibilidade de previsão que nos permite falar em **atratores das relações interpessoais e/ou atratores das interações educativas**.

Mas, como o leitor sabiamente já observou, há uma grande diferença entre a trajetória da bola, o movimento da bandeira e o ato da conquista nas relações sociais. E é justamente essa diferença que nos permite trazer para nossa conversa o conceito de distratores.

Enquanto não há possibilidade de erro na previsão de que a bola chutada pare em algum momento e que a bandeira hasteada não se movimente na direção contrária ao vento, na conquista há o insucesso; ou seja, podemos tentar e não conseguir conquistar uma pessoa. Pois bem, amigo leitor, **os distratores são as forças negativas, as forças que são contrárias à conquista, as trajetórias e locais de instabilidade que devemos evitar a todo custo em nossas relações pessoais, ou poderemos assistir ao fracasso de nossas intenções.**

OS ATRATORES E DISTRATORES DA CONQUISTA

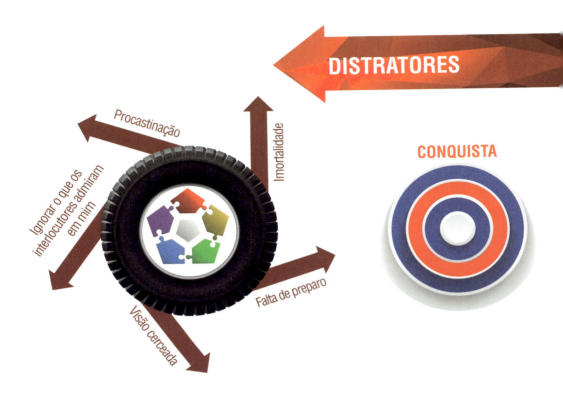

Nos próximos capítulos, vamos conversar sobre cada fundamento da conquista e observar como eles são orientados por atratores que, quando replicados em nossas ações, vão nos conduzir facilmente ao êxito na conquista. Conversaremos também sobre quais são os distratores – as forças negativas, as trajetórias indesejadas e os locais de instabilidade – que podem culminar em um insucesso na busca pela conquista.

CAPÍTULO 2

COLETIVIDADE

COMPREENDENDO A COLETIVIDADE COMO UM FATOR PRIMORDIAL PARA A CONQUISTA

"O homem justo não procura avantajar-se aos outros homens justos."

Platão

COLETIVIDADE

Amigo leitor, nosso primeiro fundamento é a coletividade. Como vimos, a conquista nunca é um ato solitário. Para efetivamente alcançarmos nossos objetivos, sempre vamos depender da colaboração e dos esforços de outras pessoas.

Nesse sentido, **o primeiro atrator**, a força motriz que determinará o sucesso na conquista, o elemento primordial da coletividade que devemos compreender é a **ética**. Nosso comportamento deve sempre estar orientado pela preocupação com o outro, pela preocupação sobre quais ações nos aproximam e quais nos afastam de nossos interlocutores e, sobretudo, quais **ações podem propiciar tanto o nosso bem-estar quanto o bem-estar do nosso próximo**.

Ditados populares como "respeitar para ser respeitado", mandamentos religiosos como "amarás ao próximo como a ti mesmo" e enunciados filosóficos como o imperativo categórico kantiano "age apenas segundo uma máxima tal que possas ao mesmo tempo querer que ela se torne lei universal" há muito tempo apontam para **a imprescindibilidade do bem-estar mútuo nas relações sociais**.

Assim, meu amigo leitor, precisamos abraçar a ideia de que **a ética deve ser ponto de partida e ponto de chegada nas interações educacionais**, assim como em todas as nossas relações interpessoais.

Nas instituições educacionais, além do ensino eficiente dos conteúdos escolares, a educação de nosso século deve privilegiar a formação de cidadãos plenos, sujeitos conscientes de seus direitos e responsabilidades civis, empenhados no exercício de uma cidadania ética e participativa.

Nas demais relações interpessoais, apenas o cuidado irrestrito com a dimensão ética de nossas ações será capaz de reverter ou minimizar as consequências ecológicas, sociais e humanas da ganância e do individualismo contemporâneo que se estampam pelos noticiários e colocam em perigo o futuro das próximas gerações.

Além disso, no ato da conquista, a ética também é o atrator mais importante, visto que não garante apenas a conquista inicial de nosso interlocutor, mas, sobretudo, a continuidade e permanência dessa conquista.

Então, vamos refletir um pouco sobre o papel do atrator ética na conquista?

No decorrer de nossas vidas, somos conquistados por amigos, professores, alunos, familiares, namorados, patrões, subordinados; enfim, pessoas que nos conquistam afetivamente tanto nas relações familiares e de amizade quanto nas relações profissionais, pessoas pelas quais não medimos esforços para realizar um favor, ajudar em alguma tarefa ou, até mesmo, fazer uma surpresa sem que nada nos peçam.

No entanto, como o amigo leitor sabe, nem todas essas conquistas são permanentes. Todos nós já fomos "conquistados" por alguém que, com o tempo, acabou revelando uma personalidade muito diferente daquela que imaginávamos. Uma pessoa que nos encantou com palavras sobre respeito, consideração, compreensão, afeto, aceitação das diferenças, liberdade, justiça, mas que depois descobrimos ser apenas um discurso vazio, apenas palavras bonitas com as quais essa pessoa tentava encobrir a falsidade de suas ações e a falta de nobreza de seus propósitos.

Pois bem, amigo leitor, essas são **as conquistas não éticas,** conquistas movidas não pela positividade da ética, mas pela força negativa dos distratores que se contrapõem à conquista: a mentira, a desonestidade, a má-fé, a falsidade, o fingimento e a imoralidade. Enfim, conquistas que se revelam transitórias, visto que alicerçadas em ilusões e enganos.

Toda conquista que não tem por fundamento a ética não pode ser duradoura. Podemos até ser enganados mais de uma vez pela mesma pessoa, no entanto, como diz a sabedoria popular, depois de percebermos que "abusaram da nossa confiança", dificilmente recuperamos a fé naqueles que nos decepcionaram – "Gato escaldado tem medo de água fria".

Amigo leitor, essas pessoas que abusaram de nossa confiança se esqueceram da **primeira lei da conquista: somente sendo éticos podemos alcançar conquistas duradouras.** Ou seja, nossas conquistas devem estar sempre orientadas pelo dever, pela compreensão que possuímos daquilo que é certo e daquilo que é errado e pela nossa capacidade de agir conforme o que acreditamos ser justo.

Talvez você me pergunte: Urubatan, como essas pessoas conseguiram nos conquistar se agiram justamente da forma contrária à conquista sobre a qual estamos conversando?

Pois bem, meu amigo, **essas pessoas que nos enganaram conseguiram nos conquistar porque, em determinadas ocasiões, agiram em conformidade com o dever, mas não por dever**. Em outras palavras, agiram de maneira correta não pelo dever de assim agir, não pelos princípios éticos que devem reger nossas relações com o outro, mas porque, naquele momento, suas vontades coincidiram com uma conduta justa ou utilizaram-se da conduta justa para atingir outros fins. Posteriormente, quando suas vontades e ações já não coincidiam com o que é justo, suas reais intenções foram reveladas.

Assim, caro leitor, em nossas relações com o outro, quando desejamos conquistar de uma forma duradoura nossos interlocutores, devemos sempre "agir por dever" e não apenas "agir em conformidade com o dever".

Talvez você me diga: mas, Urubatan, ainda não ficou evidente qual a diferença entre "agir por dever" e "agir em conformidade com o dever", principalmente quando você diz que há situações em que o resultado das duas formas de agir é o mesmo!

Pois bem, para compreendermos melhor essa questão permita-me ilustrar a diferença observada pelo filósofo alemão Immanuel Kant entre o "agir por dever" e o "agir em conformidade com o dever".

Para Kant, uma pessoa justa é aquela que age por dever, pela vontade de fazer aquilo que é correto, alguém que age de maneira que se suas ações pudessem se tornar uma lei universal, o mundo todo seria mais justo. Ao contrário, aquele que age apenas em conformidade com o dever é alguém que, por uma mera causalidade ou visando outro propósito, age de forma correta; no entanto, cedo ou tarde revela a sua face não ética aos seus interlocutores.

Vamos pensar em um exemplo prático para evidenciar a diferença apontada por Kant.

João e Carlos se encontram na saída de uma agência bancária. João, ao sair do banco, acidentalmente deixa cair uma nota de 50 reais no chão. Carlos, próximo a ele, percebe que a nota caiu do bolso de João e a recolhe.

Se refletirmos sobre as palavras de Immanuel Kant, "Age apenas segundo uma máxima tal que possas ao mesmo tempo querer que ela se torne lei universal", vamos concluir que agir por dever é devolver o dinheiro em qualquer circunstância, e a conduta esperada de Carlos é avisar João do descuido e restituir a nota de 50 reais.

Voltando a observar nossa situação hipotética, vemos que Carlos, após recolher a nota de 50 reais, devolve-a para João. Como todos nós concordamos, Carlos fez aquilo que é o correto a se fazer naquela situação: restituir um bem extraviado ao seu proprietário.

Porém, o fato de Carlos ter agido corretamente é o suficiente para determinar a ética de sua conduta?

Para Kant, **não é suficiente que Carlos devolva o dinheiro a João, é também necessário que a motivação da ação de devolver o dinheiro seja o dever de restituir ao proprietário aquilo que lhe pertence, isto é, a ação deve ser motivada pelo desejo de fazer o que é certo**.

Mas qual a diferença se o dinheiro, por fim, foi devolvido ao dono?

O que Immanuel Kant quer nos dizer é que **não basta apenas devolver o bem, pois se a intenção não foi fazer o justo, em outra ocasião, o resultado poderia ser outro**.

Vejamos, se Carlos devolveu o dinheiro apenas porque sabia da existência de câmeras de segurança que o filmariam ao guardar a nota em seu bolso, em um lugar onde não houvesse câmeras, Carlos ficaria com a quantia para si; ou ainda, caso Carlos tenha devolvido os 50 reais apenas porque outra pessoa observou o que havia acontecido e o denunciaria caso se apropriasse da nota, em uma situação em que estivessem apenas Carlos e João presentes, Carlos também não a teria devolvido.

Assim, se considerarmos como motivo da ação de devolver o dinheiro a João qualquer uma das duas situações descritas acima, Carlos teria agido apenas em conformidade com o dever, e não pelo dever, isto é, sua vontade não foi fazer o que é certo, mas evitar problemas futuros por ser flagrado apropriando-se de bem alheio. As câmeras ou a testemunha que o obrigaram a agir corretamente naquele momento, e não o dever moral.

Certamente, ao restituir o dinheiro ao proprietário, Carlos fez o correto. No entanto, como a finalidade da ação não foi a vontade de agir pelo dever de fazer o que é certo, mesmo devolvendo o dinheiro, Carlos não foi ético, visto que em circunstâncias diversas ele não teria devolvido a nota de 50 reais.

Com certeza, o amigo leitor deve lembrar situações de sua vida nas quais ocorreram fatos semelhantes, e aquela pessoa que nos havia conquistado e em quem confiávamos nos decepcionou na primeira oportunidade em que pôde tirar algum proveito, principalmente quando pensou que nunca iríamos descobrir.

Nas instituições educacionais, também vivenciamos situações semelhantes todos os dias. Embora sem maiores consequências do que o próprio prejuízo, com frequência ouvimos estudantes afirmarem que não colam na prova da "professora Marilda" porque ela é muito atenta; ou que não copiam o trabalho do colega nas aulas do "professor Chiquinho" porque ele sempre descobre.

Geralmente, o que observamos são estudantes reproduzindo atitudes não éticas que aprenderam com um familiar, colega ou, até mesmo, com um professor ou mantenedor da instituição, reproduzindo um modo equivocado de ver e agir no mundo no qual os próprios desejos e interesses sobrepõem-se às responsabilidades pessoais, civis e comunitárias.

Sendo assim, meu querido leitor, não devemos nos preocupar em ensinar nossos alunos a não colar em uma prova porque haverá consequências. Devemos levá-los à reflexão sobre os problemas éticos envolvidos no ato de colar e demonstrar como a recompensa e/ou a premiação injusta podem tirar a oportunidade de alguém que realizou eticamente a mesma avaliação (uma bolsa de estudos, um bom estágio etc.). É necessário que nossos estudantes compreendam que se hoje fui privilegiado por ação não ética, em uma sociedade onde todos ajam só pensando em benefício próprio, amanhã poderei ser prejudicado por alguém que foi "mais esperto" do que eu. **O <u>primeiro atrator</u> é o agir por dever,** pois é proceder da forma como gostaria que procedessem comigo.

Por isso, é fundamental abraçarmos a ideia de que cabe a nós, educadores e familiares, construirmos o caráter dos jovens e dos estudantes, pois **a ética não apenas permite que as conquistas sejam duradouras, como também está no centro daquilo que deve ser a finalidade de qualquer projeto educacional: promover a formação ética, solidária e cidadã dos estudantes.**

Porém, não são apenas as palavras e os conselhos que irão proporcionar práticas educacionais centradas na ética; é necessário nos orientarmos, principalmente na área da educação, **pelo exemplo**.

Para melhor compreendermos a importância do exemplo no que poderíamos chamar de **educação pela ação**, permita-me apresentar um interessante estudo realizado na área da neurociência, que já discutimos no livro *A Educação está na MODA*, mas que considero imprescindível retomar para destacar a importância de nossas ações na formação dos jovens e dos estudantes.

Na virada do século XX, os neurocientistas Giacomo Rizzolatti, Leonardo Fogassi e Vittorio Gallese, da Universidade de Parma, em uma extensa pesquisa sobre as maneiras pelas quais os macacos representam e reconhecem ações motoras, descobriram que os mesmos neurônios viso-motores ativados quando se exerce uma determinada ação também são disparados quando se observa a execução dessa mesma ação. Posteriormente, outros pesquisadores observaram resultados muito semelhantes em estudos com humanos.

Em outras palavras, os pesquisadores observaram que **a capacidade de gerar hipóteses e tomar decisões está estritamente vinculada à capacidade de simular a realidade vivenciada pelo outro**, isto é, de colocar-se no lugar da outra pessoa. Uma das implicações dessa descoberta, conforme destacou o neurocientista franco-americano Jean Decety, da Universidade de Chicago, é que **a capacidade de representar e de simular para si mesmo a experiência da emoção alheia possibilitou o surgimento do sentimento que denominamos de empatia, a base psíquica da solidariedade e condição essencial para a tomada de decisões de natureza ética.**

Nesse sentido, a conduta ética, antes de ser consolidada como faculdade cognitiva racional, antes de ser uma escolha que o estudante deliberadamente faz em determinada situação, está vinculada à capacidade do estudante de perceber, simular, intuir e experimentar emoções e intenções alheias. Quer dizer, **o prazer, a felicidade e a satisfação observados na conduta dos colegas, familiares e educadores, quando agem corretamente,** vão encaminhar o estudante às escolhas éticas **antes que ele compreenda perfeitamente os princípios morais que orientaram tais escolhas**.

Por isso, além dos valores que os familiares ensinam em casa, que os educadores transmitem em sala de aula e que os gestores promovem nas instituições educacionais, são os exemplos que determinam a educação ética e cidadã dos estudantes. **As condutas dos amigos, familiares, educadores e gestores vão nortear os valores assimilados pelas crianças, adolescentes e jovens em formação**. Dito isto, não poderíamos deixar de estabelecer como nossa segunda lei da conquista: seja o exemplo e norteie seus discentes.

Pouco adianta flamular uma bandeira quando meus procedimentos não condizem com o símbolo que ela ostenta. Nossos interlocutores rapidamente observam a inconsistência entre nossas palavras e nossas ações. Assim como eu, o amigo leitor deve ter ouvido diversas vezes conselheiros que não seguem os próprios conselhos, e quando observou essa incoerência, deixou de dar valor a suas palavras. **A lei "seja o exemplo e norteie seus discentes" traduz a plenitude de uma verdade simples: somente a harmonia entre as palavras e as ações conduzem à educação verdadeira.**

**Primeiro Atrator:
AGIR POR DEVER
Como proceder?**

◉ Explique a necessidade de agir por dever: "Queridos alunos, eu não posso ser uma pessoa com vocês agora e, quando a diretora entrar, passar a ter outras atitudes. Devo respeitar vocês e as regras da instituição, porque é o certo a ser feito, mesmo quando a diretora não está olhando";

◉ Leve exemplos éticos para a sala de aula, histórias que promovam a reflexão sobre a importância do agir por dever;

◉ Inspire-os também a agir por dever através do seu exemplo, compartilhe com seus estudantes os momentos em que, ao invés de tentar obter uma vantagem ilícita, você optou por uma ação ética;

◉ Procure sempre a sinceridade. Quando um estudante lhe perguntar se você já colou, responda a verdade e explique as desvantagens de uma conduta não ética.

A conquista ética, orientada no "agir por dever", somada aos exemplos positivos que oferecemos em nossa vivência com o outro, não apenas resiste ao tempo e às transformações da sociedade e das pessoas, como também promove a formação ética, solidária e cidadã.

Além do agir ético e do exemplo, o fundamento da coletividade também é indissociável do **segundo atrator** que é o **pertencimento** – ou seja, do sentido de **pertencer a um corpo**, de fazer parte de um todo e se sentir responsável por isso. Como nos aponta Edgar Morin em *Os sete saberes necessários à educação do futuro*, "todo desenvolvimento verdadeiramente humano significa o desenvolvimento conjunto das autonomias individuais, das participações comunitárias e do sentimento de pertencer à espécie humana".

Assim, ao lado das autonomias, competências e habilidades individuais que batalhamos para que nossos estudantes desenvolvam nas instituições escolares, também precisamos lutar para que eles compreendam que pertencem a algo maior do que a si próprios. Pertencem a uma escola, a uma comunidade, a uma igreja, a um clube, a um bairro, a uma cidade, a uma pátria, por fim, a inumeráveis grupos que dependem, para a sobrevivência e progresso, da consciência de cada indivíduo sobre a importância desses espaços e lugares de convivência e sobre o valor das relações ali estabelecidas.

Pois, se conquistar é alcançar a aproximação, a motivação e o comprometimento de nossos interlocutores a uma causa comum, uma das nossas preocupações também deve ser **mostrar a nossos "conquistandos" que fazem parte de nossos sonhos, de nossos propósitos, de nossos objetivos, que pertencem a este corpo, a esta causa pela qual vamos empreender nossos esforços**.

Como bem observa o sociólogo francês Michel Maffesoli, todo grupo social necessita vivenciar um estar-junto comunitário, sentimento que deve ser orientado, principalmente, por uma identificação afetiva, e não somente por uma razão do tipo "contratual", por algo que fazemos apenas por obrigação.

É a identificação afetiva que faz com que as pessoas assumam compromissos com o destino do grupo, que oportuniza a conscientização da interdependência entre os participantes e que possibilita o desejo de cooperar para o mesmo fim, rompendo com a lógica individualista da competição.

Por isso, o atrator pertencimento nos aponta a necessidade de **consolidar ambientes de cooperação mútua, nos quais sentimentos como egoísmo, desconfiança e agressividade sejam substituídos pelo altruísmo, pela confiança e pelo reconhecimento de nosso semelhante.**

O sociólogo e professor da University Stanford Mark Granovetter, um dos grandes estudiosos das relações sociais na atualidade, observa que **os laços de confiança estabelecidos no interior dos grupos criam sistemas de recompensa pelo comportamento cooperativo que reforçam ainda mais os laços pessoais entre os participantes.**

Por exemplo, um técnico de futebol que conquista seus jogadores, que consegue construir um sentimento verdadeiro de pertencer a um corpo, tem em suas mãos um coletivo que pode se sentir melhor recompensado pelo reconhecimento dos colegas do que por premiações individuais que um ou outro jogador poderia receber por suas habilidades (troféu de melhor jogador na partida, Bola de Ouro etc.). Ou seja, o abraço, o elogio, a alegria estampada no rosto do amigo depois do gol e a confraternização da vitória depois da partida são sistemas de recompensas criados no interior daquele time a partir da confiança mútua entre os jogadores que, conforme Mark Granovetter, reforçam ainda mais os laços interpessoais constituídos. Ou seja, **quanto mais cooperação e mais confiança, maior é a recompensa; quanto maior for a recompensa, mais confiança e mais cooperação.**

No campo da neurociência, estudos recentes sobre a relação entre as substâncias químicas que são liberadas por nosso cérebro e o sentimento de confiança apresentam resultados que corroboram com os estudos de Mark Granovetter. Neurocientistas de diferentes instituições de pesquisa já observaram que, quando estabelecemos relações com uma pessoa em que confiamos, a proteína oxitocina (também conhecida como o hormônio do amor) é liberada nos circuitos internos do cérebro. Quando liberada, a oxitocina age diminuindo os níveis de cortisol (hormônio do estresse) e, consequentemente, aumentando a sensação de prazer e bem-estar físico e emocional. E esta recompensa (o bem-estar físico e emocional), por sua vez, aumenta a segurança e a confiança entre os pares. Ou seja, **quanto mais oxitocina é liberada, maior o bem-estar, maior a confiança; quanto maior a confiança, mais oxitocina é liberada, maior o bem-estar.**

Nessa perspectiva, olhe para os seus alunos, para o seu auditório, para as pessoas que você lidera, e saiba observar as diferentes qualidades presentes em um grupo. Alguns são bem-humorados, outros mais eloquentes, alguns possuem maior habilidade com números, outros com a palavra escrita, e cada um manifesta de forma diferente virtudes como generosidade, resiliência, determinação, comprometimento etc. Enfim, reconhecer que nossos "conquistandos" possuem distintas qualidades e diferentes formas de manifestar a mesma qualidade nos ajuda tanto na própria compreensão de que juntos fazemos parte de um mesmo corpo como no ensinamento deste princípio, gerando assim a cooperação e o comprometimento mútuo.

Cada um de nós possui dons particulares e exerce funções importantes em uma sala de aula ou em qualquer outro contexto comunitário. **Eu sou importante para meus interlocutores e eles são importantes para mim; nosso sucesso depende da sábia coordenação de nossas competências e habilidades.**

Aprender a admirar cada membro do grupo evitará distratores que colocam o sentimento de pertencer a um corpo em risco, tais como conferir mais atenção a uns e menos a outros, ser impaciente com aqueles que apresentam maiores dificuldades em determinadas áreas etc., ponto que vamos explorar mais detidamente no capítulo destinado ao fundamento da visão holística. Neste momento, cabe ressaltar que o sentimento de pertencer a um grupo vai possibilitar nas práticas educacionais, nas relações familiares e profissionais, o sucesso no compartilhamento de saberes, práticas e experiências, assim como o engajamento nos objetivos estabelecidos e a expectativa pelo sucesso a ser compartilhado.

Desse modo, ao lado da ética e do exemplo, **o sentimento de pertencer a um grupo fortalece os laços de confiança mútua e reforça os mecanismos de cooperação entre os membros do grupo, favorecendo, assim, o desempenho das ações propostas. Atuar positivamente sobre essa dinâmica, reduzindo a incerteza e reforçando a confiança e a cooperação, nos possibilitará caminhar em direção às conquistas desejadas.**

Na direção oposta, **os distratores** que vão enfraquecer os sentimentos de confiança e cooperação que queremos consolidar são **o medo e o egoísmo**. E é por isso que destacamos a importância de compreender e fazer compreender a imagem do corpo. A segurança ou a insegurança com a qual nossos conquistandos vão adentrar aos cenários interativos que construímos vai depender de nosso sucesso em conseguir transmitir a ideia de que somos membros de um corpo, de uma equipe, membros que, embora assumam diferentes funções, fazem parte de um projeto muito maior que as ações de cada um, projeto cooperativo que é a soma dos esforços de todos orientados a um único fim.

COLETIVIDADE

Segundo Atrator:
PERTENCIMENTO
Como proceder?

◉ Descubra seu papel no mundo, ajude os estudantes a descobrirem também seus papéis e mostre a importância de cada um na escola, na família, na comunidade, no bairro, na cidade etc;

◉ Cite exemplos de como ações boas e ações ruins afetam e transformam o mundo à nossa volta (ações na área da política, ações de proteção ao meio ambiente, hábitos alimentares saudáveis, prevenção de doenças etc.). Leve-os a compreender que toda ação, mesmo uma negligência com a própria saúde, sempre acarretará um reflexo positivo ou negativo na vida dos outros (como o familiar que precisará ficar cuidando de você no hospital porque você não cuidou de si);

◉ Lembre-os da importância das diversas profissões e sua função no funcionamento da sociedade. Leve-os a compreender que todos somos como órgãos de um corpo, e um corpo só funcionará perfeitamente quando todos os órgãos trabalharem em conjunto.

"Porque assim como em um corpo temos muitos membros, e nem todos os membros têm a mesma operação, assim nós que somos muitos, somos um só corpo."

Romanos 12

Compreender-se membro de um corpo ainda nos leva ao **terceiro atrator** do fundamento coletividade: a **noção de igualdade**. A construção de ambientes nos quais os integrantes, mesmo que responsáveis por distintas atribuições, sintam-se semelhantes a seus pares e parte ativa dos processos de decisão incentiva o comportamento cooperativo, indispensável para o sucesso de qualquer ação coletiva.

A noção de igualdade, nesse caso, ainda subdivide-se em dois outros atratores:

⦿ **a percepção individual da igualdade**: ocorre quando nos compreendemos semelhantes aos outros membros do grupo e, consequentemente, aceitamos mais facilmente quem somos e nos sentimos melhores ao participar daquela coletividade;

⦿ **a percepção coletiva da horizontalidade das ações**: ocorre quando entendemos o nosso próprio papel em relação ao papel dos demais em uma coletividade, compreendendo que as diferenças de atribuições decorrem das diferentes responsabilidades que cada um assume dentro do grupo e não devido a um elemento ser "diferente" do outro.

Por exemplo, em uma sala de aula, os estudantes podem perceber a autoridade que seu professor representa de duas formas distintas:

a) os estudantes podem ver a autoridade do professor como um poder imposto coercitivamente, somente decorrente da hierarquia escolar; isto é, para o imaginário dos estudantes, dentro do ambiente escolar, ele é professor e nós somos alunos, somos diferentes, ele manda e nós obedecemos, e assim funciona a escola;

b) por outro lado, o poder do professor pode ser visto como uma construção coletiva da qual todos fazem parte, e os estudantes reconhecem a autoridade do professor como decorrência das responsabilidades do docente na escola. Ou seja, para o imaginário dos estudantes tanto nós, alunos, como o professor somos membros de um mesmo corpo que chamamos de escola, cada um de nós exerce diferentes funções, e todas elas são essenciais para o funcionamento da escola. No entanto, também coube ao professor, pela experiência e conhecimento que ele possui, a função de coordenar as ações dos estudantes para que todos possam caminhar na melhor direção possível.

Agora, voltemos um pouco à importância da percepção individual de igualdade. Mas antes, permita-me contar uma pequena história relacionada a esse tema. Não sei se o amigo leitor se recorda ou se era do seu tempo o famoso *Xou da Xuxa*, mas eu, quando era criança, assim como todas as crianças da minha idade, passava as manhãs assistindo ao *Xou da Xuxa* e sonhando em participar daquele universo cheio de fantasias, mistérios e desejos.

Talvez o amigo leitor também recorde que um dos quadros do *Xou da Xuxa* era uma cena na qual apareciam diversas crianças tomando um café da manhã muito farto, cheio das mais variadas frutas, geleias, pães, bebidas e doces. Pois bem, certa manhã, eu assistia a esse quadro quando "sonhei alto" e disse:

— Nossa, como eu queria ser esse garoto que está aí no café da manhã da Xuxa.

Minha mãe, que passava por perto, ouviu aquilo e parou na hora. Me deu um tapa, olhou muito séria para mim e disse chorando:

— Olhe nos meus olhos, filho, nunca deseje ser alguém que não seja você mesmo. Por trás de todo sorriso, por mais fantástico que pareça, também existem preocupações, desejos não realizados e carências, assim como nas nossas vidas. Todos nós, por mais diferentes que possamos ser, guardamos dentro da gente coisas maravilhosas que precisamos descobrir e aproveitar. De nada adianta querer ser o outro, porque você nunca será o outro. Mas, se você se esforçar para compreender aquilo de maravilhoso que existe dentro de você, vai poder realizar seus sonhos.

Em outras palavras, o que minha mãe queria ensinar àquele menino levado que eu era, que ficava assistindo ao *Xou da Xuxa* e sonhando ser aqueles meninos que apareciam lá, é que **apenas através da percepção individual da igualdade eu posso assumir as responsabilidades que me cabem em determinada coletividade e descobrir as potencialidades que carrego dentro de mim**.

Além disso, não há nada mais paralisante que o sentimento de que o outro consegue porque é diferente de mim. Se eu acreditar que o outro consegue porque é mais inteligente, porque é mais alto, porque tem mais dinheiro, porque tem um carro melhor, porque é mulher, porque é homem, porque é mais bonito, ou seja, porque possui atributos que eu acredito não possuir, vou acabar me convencendo de que realmente não sou capaz.

Infelizmente, ouvimos frequentemente crianças e jovens, no auge de suas potencialidades, dizendo: "*Professor, eu não consigo*" e acreditando com tamanha intensidade em suas possíveis limitações que acabam não conseguindo por não se permitirem nem ao menos tentar. Comigo não era diferente, já que eu era tímido até meus 11 anos. No entanto, minha mãe sempre me fez repetir que eu podia tudo, exaustivas vezes, até que me ensinou a acreditar em mim.

COLETIVIDADE

Amigo leitor, trazendo uma analogia para contribuir à nossa reflexão, o que tem mais valor, o ouro ou o cobre? Certamente sua resposta será o ouro, pois sabemos que quanto mais raro o material, maior o valor que atribuímos a ele. Agora, o que tem mais valor, o cobre ou um material que imita o ouro? Embora esta questão seja mais complexa, a provável resposta será o cobre, visto que o cobre tem muitas utilidades; ao contrário, um material que se parece com o ouro só tem valor na medida em que se aproxima do material que imita. Entretanto, nunca será ouro.

Podemos trazer esta imagem para nossas vidas também. Em nossa trajetória pessoal e profissional, é imprescindível a busca pelo autoaperfeiçoamento, conforme veremos em um dos capítulos deste livro; no entanto, não podemos confundir o ato de aperfeiçoar-se com o desejo de ser quem não somos, pois limitaremos nosso valor não à nossa singularidade, mas à nossa capacidade, sempre limitada, de imitar alguém, seja uma modelo famosa, um jogador de futebol ou mesmo um professor de notório saber. A busca pela beleza, pela inteligência e pela felicidade que o outro aparenta possuir somente nos afasta da descoberta de nossas próprias virtudes. Este é o ensinamento que encontramos em diferentes religiões, sistemas filosóficos e na própria genética, que nos ensina que nossos genes são, em sua totalidade, quase iguais, sendo quase insignificante o percentual que nos difere. Eis o centro da percepção individual da igualdade, **compreender e fazer compreender que todos somos iguais; no entanto, construímos nosso valor no desenvolvimento de nossas competências e virtudes individuais**.

Por isso, como educadores e líderes familiares, devemos saber (e saber ensinar) que por trás das diferentes aparências que podemos ter ou representar em nossas vidas, somos todos iguais. E aqui se encontra um dos mais lindos paradoxos da nossa existência: **Somente quando compreendemos que todos nós somos inseguros em diversos momentos de nossa vida encontramos nossa segurança; somente quando compreendemos que todos nós tememos falhar encontramos a coragem; somente quando compreendemos que a perfeição não existe em nenhum de nós chegamos mais perto das possíveis ações para buscá-la.**

E ainda podemos acrescentar aqui as palavras de um dos mais sábios humanos que já existiram, Sócrates. Este grande filósofo grego, quando chegou ao auge de seu conhecimento, disse: "Só sei que nada sei". Ou seja, reforçando este belo paradoxo de nossa existência, é a sabedoria que nos leva à dúvida, que nos leva às perguntas que movem e transformam o mundo; enquanto é a ignorância que nos estaciona na certeza, que nos faz acreditar que já sabemos o suficiente, que não precisamos tentar mudar. Em outras palavras, a ignorância de nossas potencialidades, vestida com a crença de "não conseguir porque não tenho o que o outro tem", impede o desenvolvimento de nossas competências e habilidades.

Outro importante ato que constitui o atrator noção de igualdade é **o saber admirar.** Não devemos querer imitar os demais, mas a conquista depende da nossa capacidade de saber admirar e demonstrar nossa admiração pelas competências e virtudes de nossos interlocutores. De uma forma descontraída, podemos dizer que o verbo admirar obedece a Terceira Lei de Newton – para toda ação, há uma reação de mesma intensidade e mesma direção em sentido oposto; isto é, **quanto mais aprender a admirar e demonstrar sua admiração pelas competências e virtudes dos demais, mais você será admirado por suas competências e virtudes.**

E este saber admirar também é fundamental para compreender que pertencemos a um só corpo. **Na escola, saber admirar a função de cada estudante transforma nossa turma em um grupo cooperativo e comprometido; na sociedade, saber admirar a profissão que cada indivíduo exerce promove uma cidadania verdadeiramente ética e solidária.**

Por isso, quando falamos em conquista, quando falamos em engajar as pessoas em nossos projetos, devemos considerar que a percepção da igualdade, o sentir-se parte de um corpo e o saber admirar as competências e virtudes de cada um são ações fundamentais para o desenvolvimento de nossas próprias potencialidades e das potencialidades daqueles que

**Terceiro Atrator:
A NOÇÃO DE IGUALDADE
Como proceder?**

⊙ Ao entrar em sala, chame os alunos pelo nome, com palavras e gestos carinhosos, fale de suas limitações quando jovem e mostre que apesar de todos termos problemas, devemos manter nosso foco atencional na busca de soluções para superá-los;

⊙ Procure em seus alunos e nas pessoas a sua volta as competências e virtudes que faltam em você, e não os defeitos (estes se revelam sem a necessidade de procurá-los);

⊙ Saiba expressar a admiração que sente pelos alunos e exponha os motivos.

"Se as forças forem iguais, pode-se combatê-las."

A Arte da Guerra

caminham ao nosso lado na realização de nossos projetos. Tal percepção é necessária em cada membro do grupo para que este se transforme em um corpo saudável, isto é, um corpo no qual cada órgão desenvolva suas funções na plenitude de sua capacidade.

Agora, com certeza, o leitor deve estar perguntando se, além daquilo que já conversamos, não haveria outros atratores, outras dicas, outros conselhos, outras formas de agir que poderiam nos auxiliar a alcançar a conquista.

Pois bem, ao lado dos atratores "agir por dever", do "pertencer a um corpo", e da "noção de igualdade", há um **quarto atrator** também fundamental em nossas ações: **o ato de servir**.

"Tudo que vós quereis que os homens vos façam, assim fazei vós também a eles." Esta bela passagem bíblica no livro de Mateus nos encaminha para a compreensão de que **servir (auxiliar, ajudar, prover o próximo em suas dificuldades) nunca é um ato unilateral, mas sempre o estabelecimento da reciprocidade necessária para o funcionamento de um corpo.** Ao ajudar meu aluno ou colega, também ajudo o grupo do qual faço parte e, ajudando o grupo, ajudo-me na realização de meus objetivos. A mãe do aluno que ouço com carinho torna-se minha aliada na educação de seu filho; o aluno que oriento individualmente em uma dificuldade de aprendizado começa a participar positivamente em minhas aulas; o colega professor a quem dou uma mão na hora da dificuldade pode ser o primeiro a me ajudar quando necessito.

Do mesmo modo, a passagem de Mateus ainda nos ensina como o ato de servir, o cuidado com as necessidades do outro, também orienta e é orientado pela noção de igualdade. Ajudamos (ou somos ajudados) com prazer e generosidade quando entendemos que o outro é igual a nós. Além disso, quando ajudo igualmente o "bom" e o "mau" aluno, quando ajudo igualmente o meu colega professor "humilde" e o meu colega professor "arrogante", este servir com igualdade facilita a eliminação dessas distâncias. Dificilmente alguém de nós continua a se opor àquele que nos ajuda sinceramente.

Um famoso personagem brasileiro que também nos ensina muito sobre o ato de servir é José Datrino, também conhecido como Profeta Gentileza. Datrino, em sua arte urbana, costumava afirmar repetidamente que **"gentileza gera gentileza"**, que o bem gera o bem, que um ato generoso gera outro ato generoso; isto é, que uma corrente iniciada com positividade e generosidade é capaz de transformar e motivar à transformação de toda a sociedade.

Outro exemplo, do maior educador da história, Jesus, foi a inversão dos papéis e o rompimento da tradição do menor servir ao maior quando Ele lavou os pés de seus discípulos. Ao servir dessa forma aos seus alunos, o Mestre ensinou-os que a sabedoria não se encontra na posição de quem a possui, e sim na compreensão da importância de cada um para o funcionamento do grupo.

Outro pequeno exemplo com o qual também quero contribuir sobre o ato de servir é uma singela ação que sempre pratico com meus alunos na época da Páscoa. Depois de explicar o significado da data, desejo a todos uma feliz Páscoa e presenteio-lhes com um chocolate. Quando eles estão se preparando para comer, eu explico que aquele chocolate não é para eles comerem, peço para que guardem o chocolate e o deem de presente a uma pessoa que, diferentemente deles, não terá oportunidade de vivenciar, naquele domingo de Páscoa, uma confraternização com sua família (um morador de rua, um idoso que vive em um asilo, uma criança que vive em uma casa de abrigo etc.). No início, eles ficam frustrados por não poderem comer o chocolate; mas, na segunda, depois da Páscoa, todos têm para compartilhar experiências do gesto de amor e carinho para com o próximo que realizaram.

Por fim, depois de termos conversado sobre a noção de igualdade, o sentimento de pertencer a um corpo, o agir por dever (que nasce dessa responsabilidade que sentimos pelo nosso semelhante) e o ato de servir, gostaria ainda de focalizar a atenção do leitor no último atrator que perpassa nossos quatro principais atratores: **a gentileza**.

A palavra "gentileza" vem do termo latino *gentilis*, que quer dizer "da mesma família", "do mesmo grupo". Hoje, entretanto, o sentido de gentileza é frequentemente relacionado à educação e à etiqueta, e quase não percebemos mais a gentileza como uma ferramenta capaz de nos tornar parte de um mesmo grupo, de um mesmo corpo. No entanto, a gentileza é um instrumento imprescindível para a fraternidade, isto é, para o desenvolvimento desse sentimento que permite nos entendermos como iguais, ligados um ao outro por laços afetivos e responsáveis uns pelos outros; assim como se veem, de fato, os irmãos[1].

Como o amigo leitor bem sabe, a gentileza transparece na polidez com que tratamos as outras pessoas. Quando cumprimento e trato da mesma forma a zeladora e a diretora da escola, os estudantes compreendem que eu as vejo como iguais, que não as diferencio pelo papel que exercem, e sim que compreendo que ambas fazem parte deste corpo que é a escola, e a escola só terá sucesso se cada uma fizer o seu melhor naquilo que lhe é atribuído. Ao contrário, se os estudantes me virem passar pela zeladora sem cumprimentá-la, contudo ser "todo gentilezas" com a diretora, vão entender que elas pertencem a dois mundos diferentes, e que o valor que atribuo a uma é maior do que o valor que atribuo a outra e, pelo poder do exemplo, vão agir da mesma forma, sem nunca se preocuparem, por exemplo, que o zelo pela limpeza da escola também é um sinal de respeito ao trabalho e à pessoa da zeladora.

1- A palavra "fraternidade", como provavelmente o leitor já sabe, vem da palavra latina *frater*, que significa "irmão".

Além disso, conforme a psicóloga francesa Dominique Picard nos ensina, **a polidez é o lubrificante das relações sociais, é o que nos permite viver juntos.** Quando deixamos de tratar com gentileza as pessoas, deixamos de lubrificar as engrenagens de nossas relações sociais que, como uma máquina sem manutenção adequada, começa a apresentar problemas em seu funcionamento.

Na dimensão individual, mesmo que esteja de mau humor por um motivo pessoal, não posso deixar de responder um "bom-dia" de um colega; pois, em outra ocasião, quando meu humor tiver melhorado, quem não vai querer me cumprimentar é ele, e quem ficou com a fama de mal-educado fui eu.

Na dimensão social, **tratar gentilmente a todos, independente de sua posição ou status social, é um pequeno exemplo ético que vai influenciar positivamente meus estudantes na compreensão tanto de coisas singelas como regras de etiqueta até o imprescindível entendimento do que é o exercício de uma cidadania ética e participativa**, que objetiva à construção de um mundo melhor para todos.

Tratar a todos com a mesma gentileza e ensiná-los a agir do mesmo modo pode ser o princípio do espírito da coletividade que queremos construir em nossas conquistas. É o "bom-dia" que dou **a todos igualmente que demonstra o valor que atribuo a essa igualdade.**

Pois bem, amigo leitor, esse caminho que percorremos até o momento agora nos conduz à **terceira lei da conquista: toda conquista é um ato de dentro para fora, realizada em círculos concêntricos.**

Em primeiro lugar (primeiro círculo), precisamos **conquistar a nós mesmos**, e para isso é necessário aprender que sou igual ao meu próximo, reconhecer minhas competências e virtudes e compreender meu lugar e função em cada grupo de que participo.

Quarto Atrator:
O ATO DE SERVIR
Como proceder?

◉ Sirva seus alunos com sorriso e gestos afetuosos diariamente;

◉ Prepare a aula de forma generosa, compartilhe todo seu conhecimento com seus alunos, mostre que não guarda nada só para você;

◉ Compartilhe ou doe roupas, livros, calçados que já não usa e exponha aos alunos essas ações;

◉ Doe alimentos e ofereça palavras fraternas para aqueles que precisam, e demonstre aos seus alunos que a alegria (a potência da vida, como a chamava Schopenhauer) desse ato de servir torna melhor seu dia e sua vida.

Em segundo lugar (segundo círculo), devemos conquistar as pessoas de nosso **convívio mais próximo** (a família e os amigos) através de nossa conduta ética e de nossos exemplos, por meio do ato de ensiná-los a noção da igualdade, de ensiná-los que pertencem a um corpo, de admirar e ensinar a admirar suas próprias competências e virtudes como as competências e virtudes dos demais e, por fim, pelo ato de servir.

Em terceiro lugar (terceiro círculo), com as mesmas ações que realizamos com nossa família e amigos, devemos conquistar nossos **vizinhos, as pessoas do trabalho, os colegas da academia, os proprietários e os funcionários dos diferentes estabelecimentos comerciais que frequentamos**.

Por fim (quarto círculo), depois de alcançarmos essas conquistas, estaremos preparados para a conquista dos **alunos em sala de aula, da plateia em um auditório, dos trabalhadores de minha empresa, dos educadores de minha instituição.**

Como o amigo leitor já percebeu, a conquista é um processo que requer o **exercício e a prática diária dos atratores que aqui apresentamos que, com o tempo, serão incorporados de forma natural e agradável à sua conduta de todo dia.** De forma natural, porque a prática o levará a realizar naturalmente as atitudes que cada atrator envolve; de forma agradável, uma vez que a recompensa da transformação das ações de cada um dos meus interlocutores será um dos maiores prazeres que o amigo leitor irá vivenciar.

Meu amigo leitor, seja você mesmo, entenda-se e se valorize, veja-se como parte de um corpo, lembre-se da noção de igualdade, aprenda a admirar e a servir, seja gentil, permita que as pessoas lhe conquistem, conquiste-as pelo exemplo e CONQUISTE TODOS OS SEUS OBJETIVOS!

CAPÍTULO 3

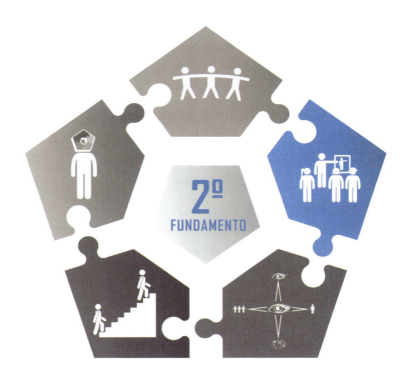

EXPOSIÇÃO
EXPONDO-SE ADEQUADAMENTE PARA CONQUISTAR

"Ser significa ser para o outro, e, através dele, para si."

Mikhail Bakhtin

EXPOSIÇÃO

Querido leitor, o sucesso na conquista também está ligado à sabedoria que utilizamos para nos apresentar e para comunicar aos nossos interlocutores nossas crenças, nossos valores, nossos sentimentos e os bens materiais e imateriais que fazem parte de nossa vida. Por isso, **o segundo fundamento da conquista é a exposição**.

Etimologicamente, a palavra exposição origina-se da palavra latina **EX-PONERE**, junção entre o prefixo **EX** ("fora") e o radical **PONERE** ("colocar"). A exposição, assim, é a forma como "colocamos para fora" aqueles elementos que vão possibilitar aos nossos interlocutores um diagnóstico (inicialmente pré--concebido) daquilo que somos.

Mas qual a importância de mostrarmos quem somos? Por que devemos nos preocupar com a exposição desde o primeiro contato em nossas relações interpessoais?

Querido leitor, saber expor-se é, sobretudo, preparar ambientes emocionalmente positivos para a conquista.

Como sabemos, **as emoções determinam o valor (positivo ou negativo) que atribuímos às nossas relações interpessoais.** Todas as pessoas que participam positivamente ou negativamente de nossas vidas estão relacionadas a sentimentos: o amor que sentimos por nossos filhos; o rancor por alguém que traiu nossa confiança; o carinho por um bom amigo; a admiração por um estudante dedicado etc.

Por outro lado, somos indiferentes às pessoas que não nos movem em direção a algum sentimento, o que percebemos facilmente em alguns de nossos diálogos corriqueiros: "Não tenho nada contra nem a favor de Alice", "O João não me incomoda, mas também não me atrai" etc.

Obviamente, se é verdade que não conquistamos uma pessoa que tem emoções negativas em relação a nós antes de tornar essas emoções positivas, também é certo que não vamos ter sucesso quando somos considerados "indiferentes" pela pessoa que desejamos conquistar. **Toda conquista depende de um envolvimento afetivo positivo.**

E como funcionam as emoções, Urubatan?

As emoções, como nos ensina Edward Wilson, decorrem basicamente de quatro ações principais: perceber, avaliar, expressar e dissimular.

Por perceber, podemos compreender o que os gregos chamavam de *aesthesis*, isto é, o processo de percepção das sensações (visuais, gustativas, auditivas, táteis e olfativas). Como podemos imaginar, nosso sistema perceptivo é inundado de diferentes sensações a cada segundo de nossa vida. Agora mesmo, por exemplo, ao ler este livro, o amigo leitor vê e decifra um conjunto de letras, palavras e frases aqui escritas, sente diferentes nuances de temperatura (pode estar frio, pode estar calor, a temperatura pode estar agradável), ouve o barulho da geladeira funcionando, sente o gosto do café que acabou de tomar, mexe-se para encontrar uma postura confortável na cadeira em que está sentado.

Neste momento, o leitor talvez me diga: Urubatan, na verdade eu só fui perceber que a cadeira estava desconfortável, que a geladeira estava funcionando ou que tinha ainda gosto de café na boca porque você mencionou essas coisas. Antes, elas nem passavam pela minha cabeça.

Exatamente, amigo leitor, começamos a entender o que acontece com nosso cérebro. Estamos recebendo todas essas sensações do mundo, mas focamos nossa atenção em apenas alguns desses estímulos. Já pensou se você estivesse pensando em todas essas sensações que lhe falei ao mesmo tempo? Teria como se concentrar em algo?

Nosso cérebro, como destacam os neurocientistas Ramon M. Consenza e Leonor B. Guerra, não tem a necessidade nem a capacidade de processar todas as sensações e informações que chegam até ele. Logo, para conviver com esse infinito número de sensações e informações, desenvolvemos uma ferramenta fundamental para nossa sobrevivência no mundo: a atenção. Para os autores, a atenção pode ser dividida em: **atenção voluntária**, que se manifesta quando decidimos prestar atenção em algo, e **atenção reflexa**, que se manifesta quando

EXPOSIÇÃO

a atenção decorre de um reflexo ao mundo exterior, como desviar de um objeto arremessado em nossa direção.

Como o amigo leitor pode observar, nos dois casos **à ação de perceber soma-se o ato de avaliar**, seja previamente, quando decidimos prestar ou não atenção, seja posteriormente, quando procuramos compreender o que nos jogaram e quem foi. Isto é, as percepções e informações captadas pela nossa atenção, seja ela voluntária ou reflexa, automaticamente passam para nosso sistema avaliativo. E é em nosso sistema avaliativo que encontramos outros sistemas de filtros que, semelhantemente à atenção, também "economizam" a capacidade de processamento cognitivo que dispomos, já não pelo processo de focalização (como a atenção), e sim por **processos de conformação e atribuição de valor a sensações e informações**.

Por exemplo, vamos imaginar que o amigo leitor, como eu, goste de chocolate. Gostar de chocolate não quer dizer gostar de qualquer chocolate. Posso gostar de chocolate meio amargo, posso preferir chocolate com nozes, amendoim ou coco, posso apreciar determinadas marcas e não gostar de outras etc. Do mesmo modo, não preciso comer todos os chocolates misturados com coco que existem para saber se é o tipo de chocolate que mais gosto. Ou ainda, caso não goste de chocolate, também não preciso experimentar todos os tipos de chocolate que existem para chegar a essa conclusão.

Assim, posso dizer que, **em meu sistema avaliativo, há processos de conformação e atribuição de valor por meio dos quais, a partir de minhas experiências no mundo, categorizo sensações e informações em escalas de positividade e negatividade** (quando descobri que gostava de chocolate com nozes, criei uma mensagem padronizada para que, toda vez que percebesse a existência de chocolate com nozes, já soubesse seu valor positivo sem a necessidade de reavaliação).

Porém, essas avaliações também não são apenas decorrentes de minhas experiências. Muitos valores vêm de nossa educação e de nossa cultura. Não mastigar de boca aberta, por exemplo, é uma regra de etiqueta que me ensinaram; se ninguém tivesse me dito nada, possivelmente nem perceberia se como com a boca aberta ou fechada.

Esse processo cognitivo que avalia e classifica percepções e informações é imprescindível para a vida, pois se a cada ato tivéssemos que realizar uma nova avaliação, não teríamos tempo para quase nada. No entanto, o lado ruim desse sistema de filtros é que, durante a vida, acumulamos também uma série de prejulgamentos que são prejudiciais a nós e aos nossos interlocutores, os chamados PRECONCEITOS.

Os preconceitos são imagens negativas e equivocadas de diferentes percepções e informações que colhemos de nossas experiências do mundo ou recebemos da educação que nos deram e transmitimos àqueles que educamos.

Por exemplo, vamos imaginar que, na primeira vez que eu comi camarão, acabei sofrendo terrivelmente com uma infecção intestinal. Certamente, se alguém me perguntar se gosto de camarão, a resposta será: "não", "detesto" ou "não consigo nem ver". Provavelmente, demorará muito tempo para que eu volte a comer camarão e descubra o sabor e o prazer encontrado em tal alimento, ou ainda, talvez nunca mais volte a comê-lo. Com certeza, o amigo leitor observa que o meu prejulgamento foi orientado por uma circunstância real e negativa, mas não por uma regra universal. Ao contrário, o meu prejulgamento foi baseado em um evento de difícil ocorrência que determinou a minha relação com o camarão.

O mesmo pode acontecer não por um fato que vivenciei, mas por um ensinamento ou opinião equivocada que me foi repassada. Por exemplo, vamos supor que meu melhor amigo me fale que o Carlos é muito mal-educado e péssimo aluno. Antes mesmo de me encontrar pela primeira vez com esse estudante, já construí uma imagem negativa a respeito de Carlos.

Como bem exemplifica o filósofo Pascal, conferimos confiabilidade e respeitabilidade às vestes de médicos e advogados, pois é o que nossa cultura nos ensina; no entanto, infelizmente, somos levados também a atribuir menor valor a pessoas "mais simples", porque também é o que a nossa cultura nos ensina.

E nem é necessário observar como esse nosso prejulgamento pode estar equivocado.

Com certeza, agora o amigo leitor compreende o porquê de considerarmos a exposição um fundamento da conquista. **Para alcançar nossos objetivos, necessitamos de uma avaliação favorável, a partir da qual possamos desenvolver um ambiente de cooperação mútua com nossos interlocutores.** Logo, é imprescindível evitar que qualquer prejulgamento equivocado se interponha entre mim e as pessoas que desejo conquistar. Por isso, podemos afirmar que o **primeiro atrator** do fundamento da exposição é **fazer-se perceber positivamente.**

Dessa forma, é importante observarmos que **as roupas, os gestos, os hábitos de higiene pessoal, os perfumes, a organização e o cuidado com os pertences pessoais e coletivos, a postura corporal, a ocupação do espaço físico, os adornos corporais, os objetos simbólicos, a maquiagem, as expressões faciais, entre outros signos de comunicação visual e olfativa podem facilitar ou comprometer o estabelecimento de laços afetivos positivos no momento da primeira apresentação.**

Por exemplo, um professor que entre em sala de aula com uma camiseta que ostente certa posição política e ideológica pode até impressionar positivamente alguns estudantes, como também pode provocar a rejeição de outros. Em contrapartida, se o professor apresentar-se com o vestuário asseado e bem-cuidado, sem marcas de ostentação, culturalmente adequado àquele espaço específico, neutro no que se refere a posições políticas e ideológicas, conciliável com as condições socioeconômicas dos alunos, provavelmente evitará o risco de desencadear emoções e primeiras impressões negativas, podendo posteriormente expressar seus sentimentos, convicções e crenças sem uma aversão prévia. O que nos leva a enunciar nossa quarta lei da conquista: procure sempre se apresentar de forma neutra, deixando para expor seus posicionamentos e valores na hora e local adequados.

**Primeiro Atrator:
FAZER-SE PERCEBER POSITIVAMENTE
Como proceder?**

- Dê exemplos éticos (como já citamos na coletividade);

- Busque desmistificar as imagens equivocadas que os estudantes podem ter de você. Procure descobrir quais são as antipatias e formule estratégias para superá-las;

- Compartilhe alguns de seus sonhos, exponha as dificuldades para alcançá-los e converse sobre as possíveis soluções para esses obstáculos. Faça com que seus interlocutores participem de seus dilemas;

- Mostre como você ama sua profissão e atribui muita importância a tudo o que ela envolve ("Alunos, eu amo o que faço...", "É muito bom falar sobre esse conteúdo...", "Eu adoro as pesquisas que envolvem esse tema, porque...", "Esta descoberta foi fundamental para nossa vida, pois...").

"A vida nos dá poucas chances de enxergarmos como os outros realmente nos veem."

Daniel Goleman

E qual mensagem sua imagem transmite?

Esta pergunta deve nos levar sempre à reflexão sobre a conformidade entre a imagem que apresentamos e os objetivos que pretendemos alcançar.

Claro que, de forma alguma, pretendemos afirmar a necessidade de construir uma imagem não verdadeira de si para conquistar alguém. Ao contrário, como vimos, conquistas duradouras somente são possíveis pela via da verdade. Inclusive, como veremos a seguir, **comunicar quem você é, o que sente e no que acredita é fundamental para a conquista; no entanto, antes de comunicar esses atributos aos nossos interlocutores, precisamos de sua atenção e, para consegui-la, precisamos evitar que mensagens visuais precipitadas ou equivocadas prejudiquem esse canal de comunicação.**

Do mesmo modo, quando nos referimos às características corporais, não pretendemos, de modo algum, afirmar a necessidade de se adequar a padrões estéticos veiculados pela mídia, mas sim destacar a importância de conhecer o próprio corpo e comunicar ao próximo um "gostar de si", um admirar-se por ser da forma como é.

O que queremos destacar, amigo leitor, é a importância de sermos percebidos positivamente já no primeiro contato, **a importância de termos em nossa mente uma imagem positiva de nós mesmos e de saber como transmiti-la aos nossos interlocutores.** E é neste momento que entram em cena as outras duas ações que relacionamos anteriormente às emoções — expressar e dissimular. **Quando falamos sobre transmitir uma imagem positiva aos nossos interlocutores, são as ações de expressar e dissimular que nos importam.**

Talvez, neste momento, o amigo leitor me pergunte: Urubatan, você havia dito que a conquista somente é possível pela via da ética. **Dissimular não é enganar**?

O sentido que atribuímos à palavra "dissimular" no ato da conquista, amigo leitor, não é enganar, mas evitar expor sem necessidade sentimentos, emoções ou pensamentos que vão atrapalhar a constituição de um cenário de interação positivo.

Por exemplo, com certeza o leitor já foi convidado a um jantar na casa de um amigo e este lhe perguntou o que achou daquele prato que ele levara horas cozinhando. Obviamente, dependendo da proximidade de sua relação com esse amigo, caso você não tenha gostado, pode tranquilamente expor-lhe a sua verdadeira avaliação. Mas, supondo que foi a esposa de seu amigo que preparou o prato, qual seria a resposta?

Expressar o mais sinceramente possível nossas emoções, sentimentos ou pensamentos é fundamental para construirmos relações éticas e de confiança recíproca; no entanto, sempre há situações em que precisamos dissimular o que sentimos ou o que pensamos para convivermos harmoniosamente com os demais.

Em outras palavras, precisamos desenvolver **nossa inteligência emocional**, aprender a coordenar nossas reações emotivas aos contextos de interação que vivenciamos e aos objetivos que traçamos, pois uma reação emocional acertada pode nos encaminhar ao sucesso, como também a expressão de uma emoção em um momento indevido pode nos afastar do desejado sucesso.

Como nos ensina o psicólogo norte-americano Daniel Goleman, autor do best-seller *Inteligência emocional*, há quatro domínios essenciais para o sábio controle de nossas emoções:

a) a autoconsciência – saber reconhecer as emoções que sentimos. Em certos momentos, podemos estar irritados por um problema no trabalho, por uma noite maldormida ou por uma situação anterior e, sem nos darmos conta, acabamos "descontando" em um estudante ou um colega de trabalho.

b) o autogerenciamento – saber gerenciar as emoções. Depois de saber reconhecer nossas próprias emoções, o próximo passo é aprender a conter as emoções negativas que podem prejudicar nossas relações com os interlocutores e a expressar as emoções positivas que possibilitam a construção de laços afetivos e favorecem a cooperação necessária à conquista.

c) a empatia – saber reconhecer o que as outras pessoas estão sentindo. Não é necessário apenas reconhecer nossas próprias emoções, também precisamos aprender a reconhecer as emoções de nossos interlocutores. Desenvolvendo esta competência, vamos saber agir com mais cuidado quando nossos interlocutores estiverem irritados, assim como saber aproveitar o bom humor das pessoas com quem nos relacionamos para construir elos emocionais positivos.

d) a administração emocional – saber utilizar a autoconsciência, o autogerenciamento e a empatia habilmente nas relações interpessoais, trabalhando para que as emoções orientem a qualidade de nossos relacionamentos.

Lidar sabiamente com esses quatro domínios desde o primeiro encontro é um dos segredos para a construção de elos emocionais positivos imprescindíveis para promover a aproximação, a motivação e o engajamento de nossos conquistandos.

Na escola, por exemplo, o professor precisa ter consciência das diferentes emoções que são desencadeadas ao longo de uma aula, tanto das suas emoções quanto das emoções dos alunos, e necessita saber gerenciá-las da melhor forma possível, promovendo sentimentos como o entusiasmo, a alegria, o sentir-se recompensado, a competição leal, a gratidão, e evitando a frustração, o sentir-se incapaz e/ou menor que o outro, a desconfiança, a rivalidade, as provocações, a depreciação dos colegas etc.

A sabedoria de lidar com as próprias emoções e de promover emoções positivas que nos possibilitará sermos percebidos positivamente. **To-**

dos querem estar ao lado daqueles que desencadeiam emoções positivas. Ser um promotor da alegria é ser um motivador, um líder do qual todos desejam estar próximos.

Talvez o amigo leitor me pergunte: Urubatan, há uma fórmula que permita ser percebido positivamente por todos?

Na verdade, não há. Cada um de nós vivencia diferentes experiências e aprendizados ao longo da vida que acabam sendo as lentes através das quais compreendemos o mundo.

Em minhas aulas, costumo utilizar o seguinte exemplo para explicar essa multiplicidade de percepções: pego uma caneta e pergunto aos estudantes o que aquele objeto representa para eles. Antes que respondam, inicio a reflexão dizendo que para mim, a caneta representa um instrumento de trabalho; para eles, provavelmente, é um instrumento para a busca de seus sonhos (um diploma, uma nota alta, um bom emprego etc.); para o dono da papelaria, por outro lado, é um produto de venda, o seu meio de ganhar dinheiro; para uma criança de dois anos, é apenas um brinquedo; por fim, para a empresa que desenvolveu este modelo de caneta, é a razão da sua existência.

Como o amigo leitor percebeu, as lentes através das quais observamos o mesmo objeto falam não só do objeto, mas também daquilo que somos. Como nos ensina Schopenhauer, "Todo homem toma os limites de seu próprio campo de visão como os limites do mundo"; isto é, nossas interpretações das pessoas e dos objetos à nossa volta relacionam-se às nossas experiências, e como cada um de nós vivencia de forma única sua própria vida, também nossa forma de ver o mundo é singular.

E podemos ir além: não só aquilo que observamos, mas também aquilo que escolhemos observar diz muito daquilo que somos. Como já conversamos, nossa consciência não é capaz de absorver todos os estímulos que passam pelos nossos sentidos e, para suprir essa carência, desenvolvemos ferramentas como a atenção, que focaliza nossa percepção em um diminuto número de informações. Ou seja, sempre limitamos nossa experiência do mundo a uma pequena parte daquilo a que somos expostos.

Obviamente, esta escolha não ocorre de maneira aleatória. Cada um de nós procura encontrar à sua volta o que considera serem os melhores exemplos. O apóstolo Mateus, no livro sagrado cristão, por meio da metáfora da candeia, já apontava exemplarmente para essa característica: "A candeia do corpo são os olhos; de sorte que, se os teus olhos forem bons, todo o teu corpo terá luz. Se, porém, os teus olhos forem maus, o teu corpo será tenebroso".

Em outras palavras, como o apóstolo Mateus observa, cada pessoa busca aquilo que aos seus olhos agrada. **Não é possível agradar a todos, contudo é importante ressaltar em si e buscar no próximo o que há de melhor. Ser luz e também deixar-se iluminar pela luz do próximo**, esse é o ensinamento do apóstolo que devemos incorporar em nossas práticas docentes e demais relações interpessoais. Neste sentido, **a pergunta que devemos nos fazer não é se podemos agradar a todos, mas sim por quais atributos desejamos nos destacar, escolha que começa em um olhar para si.**

Amigo leitor, a visão que você faz de si é determinante para inspirar o mundo. Para potencializarmos nosso poder de conquista, primeiramente devemos compreender como nos percebemos, escolher nesse feixe de percepções aquilo que mais nos agrada e que mais se ajusta à nossa profissão, relações pessoais e familiares e objetivos, e procurar direcionar a atenção de nossos conquistandos a essas qualidades.

Para isso, além da eficaz administração das emoções, precisamos aprender a nos apresentar, isto é, a expor nossas crenças, nossos valores, nossos sentimentos e os bens materiais e imateriais que fazem parte de nossa vida.

O amigo leitor lembra-se do Silvio Santos? Pois bem, como conversamos anteriormente, além de administrar exemplarmente os sentimentos positivos da plateia, o nosso querido homem do Baú soube apresentar-se positivamente por meio de sua marca, de seus produtos e de suas metas profissionais, como também soube **apresentar-se e reapresentar-se constantemente** para que todos compreendessem perfeitamente a mensagem que desejava transmitir. Por isso, consideramos que **o segundo atrator** da exposição é: **apresentar-se e reapresentar-se.**

Como Heráclito nos ensinou, nenhum homem banha-se duas vezes no mesmo rio. Na segunda vez, as águas que passam pelo rio já são outras, assim como é outro o homem que entra no rio. E é essa constante mudança na vida que torna fundamental o ato de apresentar-se e reapresentar-se diariamente.

O ato de apresentar-se e reapresentar-se diariamente leva você, amigo leitor, a superar resistências que advêm dos preconceitos, das más interpretações de nossas atitudes e das más apresentações anteriores que realizamos quando passávamos por um momento difícil.

Por exemplo, imagine que, depois de ganhar a simpatia, admiração e comprometimento de uma turma, um dia, devido a problemas exteriores, você deixa transparecer seu mau humor e começa a colocar a perder tudo o que havia conquistado. O que fazer? Eis a importância de reapresentar-se, de expor as dificuldades daquele dia em particular, para que os alunos também compreendam o que aconteceu e porque houve uma mudança em suas ações e conduta.

Mas Urubatan, como eu me preparo para me apresentar dessa maneira?

Amigo leitor, *preparo*, **do latim, significa "deixar pronto antes". A melhor apresentação é sempre aquela que melhor foi preparada,** o que significa estar pronto para as mais diversas situações que possam ocorrer em nosso dia a dia. Quem sai de casa preparado para um congestionamento no trânsito não se importa com o fluxo lento; no entanto, quem imagina encontrar o trânsito perfeito pode ter o dia todo desestabilizado por um engarrafamento. Como cos-

EXPOSIÇÃO

"A resposta branda desvia o furor, mas a palavra dura suscita a ira."

Provérbios 15

tumávamos dizer no Exército, o preparo do serviço inicia-se no dia anterior. **Sem preparo, certamente não conseguiremos estar aptos para buscar a realização de nossos objetivos.**

Nesse sentido, amigo leitor, **a preparação para cada apresentação e reapresentação inicia-se nas ações que vão lhe possibilitar encontrar-se bem fisicamente, psicologicamente e materialmente naquele momento**: uma boa noite de sono, uma alimentação balanceada, o cuidado com a voz, saber calcular o tempo de deslocamento até o lugar de destino prevendo eventuais atrasos, uma lista de tarefas diárias bem ordenada, a preparação anterior dos materiais necessários para a realização das tarefas daquele dia, o conteúdo da aula preparado, as questões a serem aplicadas anteriormente resolvidas para evitar eventuais dúvidas, a reflexão sobre as prováveis perguntas polêmicas que um conteúdo pode desencadear etc.

Segundo Atrator:
APRESENTAR-SE E REAPRESENTAR-SE
Como proceder?

◎ Prepare-se anteriormente, a melhor apresentação é sempre aquela que melhor foi preparada;

◎ Situações exteriores que alteram negativamente nosso humor podem nos levar à realização de uma apresentação ou reapresentação inadequada. É importante avisar seu interlocutor de seu estado:

a) Bom dia, alunos, hoje o professor não está bem, estou passando por um problema familiar. Conto com a colaboração de vocês.

b) Hoje não consegui me alimentar bem para chegar a tempo para a aula. Não estou me sentindo bem, vocês poderiam me ajudar?

Lembro-me que ouvia todos os dias o major de meu batalhão dizer uma célebre frase de Rui Barbosa que sempre repito aos meus alunos e colaboradores: "O Exército pode passar cem anos sem ser usado, mas não pode passar um minuto sem estar preparado". Em outras palavras, devemos abraçar a ideia de que **a previsão é a melhor solução para qualquer situação.**

Ter o corpo, a mente e os materiais diários preparados é o caminho que leva ao sucesso de nossas apresentações. **Entretanto, ainda há outra dimensão de fundamental importância, <u>os primeiros sinais</u>.**

Mas o que são os primeiros sinais, Urubatan?

Os primeiros sinais, amigo leitor, são os signos comunicacionais que antecedem a palavra. Como já conversamos, **as expressões faciais, os gestos, a postura corporal, as roupas, os hábitos de higiene pessoal, os adornos corporais (tatuagens, maquiagem, perfumes), os objetos simbólicos e a organização e o cuidado com os pertences pessoais e coletivos são, entre outros signos de comunicação visual e olfativa, as mensagens com que nossos interlocutores vão construir a nossa primeira imagem.**

Ou seja, **a primeira impressão que vão ter de nós é a aparência, no sentido mais amplo do termo: o que parecemos ser.** Como pontuamos anteriormente, nosso cérebro não tem o tempo necessário para processar e atribuir valor a todas as informações que chegam através dos sentidos, por isso cria filtros como forma de economizar energia e tempo. Dois desses filtros são o processo de atribuição de valor e o processo de conformação das sensações e informações em classes/categorias distintamente valoradas. A união entre esses dois processos vai constituir o PREJULGAMENTO que fazem de nós quando entramos em um ambiente pela primeira vez.

Há pouco tempo, observamos popularizarem-se na internet vídeos em que podíamos notar claramente uma dissonância entre a aparência de certas pessoas e a capacidade com que desenvolviam algumas atividades –

cantores sem nenhuma "presença de palco" que encantavam com a performance; atletas que aparentavam não ter perfil para a prática de determinado esporte e surpreendiam a todos com a demonstração de suas habilidades etc. Enfim, pessoas que eram sem "parecer ser".

Obviamente, a magnitude das habilidades de tais pessoas transformou o descaso inicial do público em surpresa e comoção. No entanto, a superação do equívoco na "primeira impressão" necessitou de dois fatores: **a)** habilidades muito acima da média; **b)** a oportunidade de demonstrá-las.

Talvez o amigo leitor recorde da história de nosso grande Garrincha. As pernas tortas do jogador, antes de tornarem-se uma marca de seu talento, foram um entrave para sua apresentação. Antes mesmo de entrar em campo para realizar os testes de seleção de novos jogadores, era cortado pelos técnicos, que não acreditavam que alguém com as pernas tortas daquele jeito poderia jogar bem futebol. Depois de sucessivos insucessos, foi aconselhado a só tirar a calça do agasalho no momento em que fosse chamado a entrar em campo para o teste no Botafogo, evitando ser vetado antes da apresentação. Sábia estratégia que o possibilitou entrar em campo e demonstrar seu talento, sendo contratado no mesmo dia.

No entanto, vale a lição: mesmo excepcionais talentos podem perder oportunidades pela aparência. Por isso a importância de nos prepararmos adequadamente para o ambiente em que vamos nos apresentar, pois uma primeira impressão equivocada pode interferir gravemente em nossos propósitos.

O **<u>terceiro atrator</u>** da exposição é: **a harmonia entre o lugar, o público, nossos objetivos e nossa aparência.**

Não podemos confundir a aparência adequada com ostentação. **Não são roupas e acessórios caríssimos, perfumes de grife ou posturas grandiloquentes que vão garantir uma boa apresentação, mas a harmonia entre o lugar, o público, nossos objetivos e nossa aparência.**

EXPOSIÇÃO

Terceiro Atrator:
A HARMONIA ENTRE O LUGAR, O PÚBLICO, NOSSOS OBJETIVOS E NOSSA APARÊNCIA
Como proceder?

- Utilize roupas sem marcas ideológicas ou religiosas em sua primeira apresentação. Caso a instituição tiver um uniforme, apresente-se com ele bem passado e bem limpo;

- Lembre-se: os acessórios também transmitem uma mensagem. Escolha os acessórios de acordo com a mensagem que quer transmitir. Caso sua intenção seja realçar um traço cultural ou de sua personalidade importante para a comunicação que deseja estabelecer, use os acessórios necessários; caso não haja uma justificativa comunicacional, evite o excesso e procure ser discreto.

Como nos ensinam alguns estilistas, a forma como você se veste é uma maneira de mostrar o que você realmente é. Isto é, nossas roupas sempre são uma mensagem ao interlocutor, o importante é sabermos se é esta a mensagem que queremos transmitir.

Ou, como afirmava o grande estilista francês Christian Dior, não é o dinheiro que faz uma pessoa bem-vestida, e sim o seu discernimento. Ou seja, a compreensão do lugar onde se encontra e do público a que se apresenta.

Por isso, a falta de sabedoria na escolha das roupas, da maquiagem ou dos acessórios é uma forma de despreparo. Mesmo que tenhamos nosso estilo, seja ele despojado, fitness, ocasional, formal ou executivo, devemos procurar que "ele fale bem de nós" e compreender que a harmonia entre nossa aparência e o cenário em que vamos atuar é um dos fatores que determinam nosso sucesso.

Deste modo, amigo leitor, lembre-se sempre: **causar uma boa primeira impressão pode levar poucos segundos; no entanto, desfazer uma primeira má impressão leva muito mais tempo.**

O **<u>quarto atrator</u>** da exposição é **assumir com sabedoria suas crenças.**

Acreditar é uma importante característica natural a todos nós; no entanto, o modo como conduzimos nossas crenças frente aos outros tanto pode ser um atrator quanto um distrator. Podemos acreditar em diferentes religiões – islâmicas, judaicas, cristãs, espíritas, budistas etc. – ou podemos também crer que a religião é fonte de alienação ou subterfúgio para se evitar a realidade do mundo e amenizar nossos sofrimentos, e acreditar somente nas descobertas científicas ou filosóficas. **Entretanto, é a forma como expomos nossas crenças, e não aquilo que acreditamos, que vai aproximar ou afastar nossos conquistandos.**

EXPOSIÇÃO

**Quarto Atrator:
ASSUMIR COM SABEDORIA SUAS CRENÇAS
Como proceder?**

- Sempre assuma suas crenças;

- Fale de sua crença sem se restringir apenas aos aspectos ideológicos ou religiosos, mas mostre os valores universais (amor, perdão, caridade, fraternidade, generosidade) que acompanham o que você acredita;

- Lembre-se, nenhuma crença define o caráter de alguém;

- Nunca leve o que você acredita para o embate. Você não vai convencer o outro, nem ele vai convencê-lo, mas alguém pode sair magoado.

O essencial é compreender que todos possuem crenças, e aquilo em que acreditam é uma parte essencial daquilo que são. A ideia de que devemos convencer, impor ou dissuadir uma fé, um valor ou uma ideologia é uma das mais evidentes zonas de conflito em nosso tempo. O ato de crer deve ser compreendido dentro de sua real função: promover a união de pessoas diferentes e não um lugar de embate, um subterfúgio para a ofensa e depreciação dos outros.

Lembro-me de que um dia estava em um táxi, por coincidência conduzido por um amigo. Estava fazendo uma oração, em voz baixa, pedindo proteção e agradecendo por mais um dia de trabalho, por estarmos todos com saúde e por ter uma casa para morar. Quando terminei, meu amigo taxista me disse:

— Deus não existe, rezar é só perda de tempo!

Talvez aquela fala fosse apenas uma brincadeira, ou talvez fosse realmente um desejo de levar minha fé e a sua crença para um embate, posição que, se eu assumisse, não levaria a lugar nenhum. Então, respondi:

— Amigo, realmente, você tem 50% de chance de estar certo e Deus não existir. Mas também tem 50% de chance que Deus exista e eu esteja certo. Porém, caso você esteja certo e Deus, de fato, não exista, eu acredito que não perdi nada. Minha oração me traz pensamentos positivos e reflexões de como me tornar melhor pessoalmente e na relação com meus familiares e amigos. No entanto, caso eu esteja certo, conto com uma excelente proteção e fortaleza para a luta de cada dia. E você, nesse caso, pode estar perdendo uma grande ajuda. Assim, lembremos célebre aposta de Pascal: se eu acreditar e estiver certo, poderei ir para o céu; se eu acreditar e estiver errado, não terei perdido nada, pois nenhum de nós vai para lugar nenhum; se você não acreditar e estiver certo, não vai perder nada, porque não vamos para lugar nenhum depois dessa vida, mas, caso esteja errado, pode ter perdido a vida eterna. Logo, é mais seguro acreditar do que não acreditar e arriscar estar errado, pois a perda é muito grande.

Pois bem, amigo leitor, a "aposta" de Pascal, cotejando possíveis perdas e ganhos, me ofereceu naquele momento um argumento racional que não desrespeita a crença, mas leva o outro à reflexão sobre a posição assumida. Talvez ele tenha começado a acreditar depois de nossa conversa, talvez não. No entanto, em ambos os casos, nossa amizade continua, porque soube respeitar o seu posicionamento e expor aquilo que acredito sem tentar me impor.

Talvez, se a corrida tivesse sido um pouco maior, meu amigo poderia também expor a posição de Bertrand Russell e dizer que, caso Deus exista, argumentaria que não havia evidências suficientes e se desculparia pela descrença, ou ainda, colocar na conversa a posição filosófica de Sartre de que a crença em Deus diminui a responsabilidade do homem pelas próprias ações. Independentemente do caminho que a conversa seguisse, **expor com respeito aquilo em que acreditamos e estar aberto à opinião dos demais são ações que possibilitam a abertura ao diálogo e desencadeiam emoções positivas em nossos interlocutores**. Ao contrário, tentar impor nossas crenças ou dissuadir os demais das suas são ações que inviabilizam a constituição de laços afetivos e, consequentemente, afastam-nos de pessoas que poderiam ser uma ajuda imprescindível para a realização de nossos objetivos.

Como já apontamos, é necessário compreendermos que pertencemos a um corpo, e os membros desse corpo podem conviver mesmo que suas crenças e convicções sejam diferentes, basta se estabelecer um diálogo em que essas diferenças sejam compreendidas e respeitadas. Por isso é importante saber expor nossa fé, seja religiosa ou não, e saber ouvir as posições assumidas por nossos interlocutores.

Como o amigo leitor deve ter percebido, sou alguém que acredita em Deus e coloca a fé em uma posição central na vida. No entanto, sei que esta característica de meu caráter não me coloca em uma posição superior ou inferior à dos demais. O valor de cada um está na eticidade de sua conduta e na sabedoria com que convive com o próximo. **Ética e sabedoria não são atributos de uma crença, de um saber filosófico ou de um posicionamento político, mas ideais que todos devemos perseguir para o aperfeiçoamento pessoal e para a construção de uma sociedade mais humana e igualitária.**

O **quinto atrator** da exposição é **saber alimentar o corpo.**

Sim, amigo leitor, a alimentação também é uma preparação fundamental para causar uma boa impressão inicial. Os alimentos são o combustível do cérebro e fontes de bem-estar, disposição e ânimo. O sucesso de nossa performance diante de um público também se relaciona a uma boa educação alimentar.

Hoje, sabemos que **uma má alimentação, ou mesmo uma restrição alimentar decorrente de uma dieta sem devido acompanhamento nutricional, pode alterar significativamente nosso humor.** Ou seja, ficamos mais nervosos e propensos a responder de forma inadequada a nossos interlocutores. O amigo leitor já deve ter notado como a fome pode nos levar a um estado de irritabilidade; emoção que, caso não seja autogerenciada, pode provocar ações indesejadas, como tratar nossos interlocutores com indelicadeza, iniciar discussões desnecessárias, impaciência etc. O velho ditado "cara feia pra mim é fome" faz todo o sentido quando analisamos a relação entre a má alimentação e a alteração dos estados emocionais.

Assim, amigo leitor, a preparação também engloba saber alimentar o corpo, pois dificilmente vamos conseguir conquistar alguém quando estamos impacientes e irritados. Por isso, o acompanhamento nutricional adequado também é uma prática que devemos considerar quando pretendemos alcançar nossos objetivos.

**Quinto Atrator:
SABER ALIMENTAR O CORPO
Como proceder?**

- Procure estar sempre bem alimentado, principalmente quando for dar uma aula ou palestra;

- Valorize uma alimentação saudável;

- Procure um especialista para orientar-se, evite dicas alimentares de quem não é profissional da área;

- Evite sair de casa sem planejar a sua alimentação diária; quando necessário, não se esqueça de levar seu lanche;

- Lembre-se, mente sã, corpo são. Pratique exercícios sempre que possível e alimente-se bem. Evite doenças causadas por maus hábitos.

O **sexto e último atrator** da exposição é **a linguagem.**

Como nos ensinou o filósofo alemão Martin Heidegger, a palavra é a casa do ser. Adequar a fala e os gestos corporais à ocasião e aos interlocutores é imprescindível no ato da conquista. Como já conversamos, **os signos visuais e olfativos são a porta de entrada para o estabelecimento de uma boa comunicação entre nós e nossos conquistandos; no entanto, não podemos nos esquecer do poder da palavra certa e do gesto adequado.**

Se observarmos nossa tradição cultural, desde o mundo grego clássico a boa comunicação foi destacada como elemento central da conquista de um auditório. Os estudos sobre retórica, ensinados nas escolas gregas, incorporavam a eloquência, a postura corporal e a estruturação do discurso como ações para a correta encenação da palavra.

A importância do uso acertado da linguagem também é destacada em um dos livros sagrados da tradição judaica, o Talmude – "A palavra dita é como uma abelha: tem mel e tem ferrão".

Entretanto, **saber transmitir uma mensagem não quer dizer "falar bonito", mas saber adequar as palavras e os gestos corporais ao contexto de comunicação**. Ao entrarmos em uma sala de aula ou em um auditório para uma palestra, é imprescindível contarmos com saberes prévios sobre o perfil dos interlocutores. Utilizar uma linguagem mais técnica e científica em uma classe com alunos de doutorado é um importante atrator; no entanto, a mesma linguagem em uma aula para o Ensino Fundamental só leva os estudantes ao desinteresse e à incompreensão. Do mesmo modo, certos gestos corporais podem conquistar alunos do Ensino Fundamental, mas serem inadequados em uma palestra para professores.

EXPOSIÇÃO

**Sexto Atrator:
A LINGUAGEM
Como proceder?**

- Procure sempre utilizar as palavras e os tons adequados ao cenário em que está atuando;

- Evite usar termos e expressões pejorativas (drogado, cachaceiro, burro, analfabeto); substitua por expressões como "problemas com drogas", "alcoólatra", "pessoa com dificuldades de aprendizado" etc.;

- Evite gestos com conotação sexual ou que se remetam a expressões de baixo calão;

- Procure sempre demonstrar seu afeto com gestos, abraços, apertos de mão calorosos, saudações gentis etc.

Jesus, por exemplo, para aproximar sua mensagem de seus discípulos e de seus seguidores, utilizava as parábolas, histórias que conduziam os interlocutores a imaginarem diferentes cenários e situações contextualizadas em seus universos vivenciais. A separação do joio e do trigo, o cuidado com os rebanhos, a importância do pastor e do filho pródigo eram imagens que faziam parte do cotidiano dos agricultores, pastores e pescadores que escutavam seus ensinamentos. Além disso, traziam questões instigantes que levavam os interlocutores à reflexão, por se tratar de dilemas que poderiam vivenciar em suas vidas: o pai deve perdoar ao filho pródigo? O pastor deve sair à procura da ovelha perdida? O que fazer com o joio que se mistura com o trigo?

Também podemos observar o poder da palavra na história da Inglaterra, belamente retratada no filme *O discurso do rei*. O rei George VI, sabendo da importância de seu discurso no momento em que se iniciava a Segunda Guerra Mundial e conhecendo seus problemas de dicção, contratou o fonoaudiólogo Lionel Logue para lhe ajudar a superar suas dificuldades e transmitir a mensagem que a Inglaterra necessitava ouvir, pois sabia que seus súditos esperavam por um rei preparado para falar à nação.

Em ambos os casos, **observamos que um dos segredos da conquista consiste em aproximar nossas palavras ao mundo e às expectativas de nossos interlocutores.**

Além disso, **outra qualidade dos grandes oradores é a sabedoria em não transformar suas palavras no ferrão da abelha**, como menciona o Talmude. Por exemplo, amigo leitor, como já conversamos no livro *A Educação está na Moda*, suponha que você inicie a apresentação de sua aula narrando fatos acontecidos na noite anterior: "Pessoal, hoje estou cansado! Não consegui dormir nada. O cachaceiro do meu vizinho chegou bêbado de novo em casa, brigou com a mulher, os cachorros ficaram latindo, enfim, o maior barulhão". Caso algum aluno sofra com semelhante problema familiar, sua narrativa poderá ser interpretada como uma ofensa pessoal, pois, indireta e involuntariamente, você chamou de "cachaceiro" uma pessoa com a qual seu aluno possui uma relação de afeto.

No entanto, caso outras palavras sirvam para narrar a história – "Pessoal, hoje estou cansado! Não consegui dormir direito! Meu vizinho é um cara legal, mas tem problemas com bebidas alcoólicas, o que é uma pena, pois sua família sofre com a situação. Ontem ele chegou em casa um pouco alterado, e ele e sua mulher discutiram. Não consegui dormir direito. A situação me deixa triste, pois gostaria de ajudá-lo, mas não sei como" provavelmente, aquele mesmo estudante vai se identificar com você e vai passar a ser influenciado pelo exemplo de sua conduta.

Por isso, como nos ensina Aristóteles em *Arte Retórica*, devemos compreender que **nossos interlocutores não se fascinam somente pelo conteúdo de nossos discursos, mas, sobretudo, pela forma como a mensagem é transmitida**.

Urubatan, quais as ações que devemos assumir em nossas apresentações?

Simples, amigo leitor, podemos resumir em quatro ações:

a) contextualize seus ensinamentos ao universo de seus conquistandos;

b) tente estabelecer um diagnóstico prévio das expectativas de seus interlocutores e molde seu discurso para atendê-las;

c) evite palavras e expressões que possam agredir seus interlocutores, que possam promover reações emocionalmente negativas;

d) por fim, lembre-se, como nos ensina Constantin Stanislavski, de que o corpo também fala.

Quanto a esse último conselho, lembro-me de que nas aulas de teatro que tive na Casa das Artes de Laranjeiras (CAL), meus professores sempre destacavam que tão importante quanto a fala de um ator no palco são os gestos que acompanham sua encenação, que vão garantir a comunicação eficiente com o espectador.

Por isso, amigo leitor, lembre-se sempre de perceber quais as posturas corporais que acompanham seu discurso, **os braços cruzados em frente ao** corpo, o tronco curvado, deixar de olhar nos olhos de nossos interlo-cutores ou interromper a fala de alguém são ações que intuitivamente percebemos como desatenção ou descaso.

Além das palavras e postura corporal, outro importante elemento pertencente ao atrator linguagem são **os gestos afetuosos.** Um aperto de mão, uma saudação gentil, um sorriso, uma demonstração de preocupação, saber ouvir e recordar em um encontro posterior o que lhe foi dito são atitudes que vão desencadear emoções positivas em seus interlocutores. Além disso, neurologicamente, tais ações podem liberar a oxitocina que, como observamos, é um hormônio essencial para o fortalecimento de laços sociais de confiança e cooperação.

Caro leitor, para finalizar minha abordagem sobre o fundamento expo-sição, gostaria de apresentar uma pequena narrativa sobre minha vida que pode auxiliá-lo a compreender algumas das ideias sobre as quais conver-samos até agora.

Como vocês sabem, devido ao sonho de meu avô, também comecei a sonhar em ingressar na escola de oficiais (CPOR). No dia da incorpora-ção, 45 rapazes se apresentaram; no entanto, existiam apenas 40 vagas nas Forças Armadas para aquele pelotão. Quando já estávamos em formação no pátio do quartel, o tenente gritou:

— Atençããããão! Combatentes do 7º pelotão, quem é voluntário a sair do Exército Brasileiro?

Dez candidatos levantaram a mão e eu me tranquilizei, pois era só o tenente escolher cinco entre os dez e tudo ficaria certo. Nesse momento, o tenente se aproximou de mim e gritou no meu ouvido:

— Você é voluntário, combatente? Segue essa reta e vai embora!

Nervoso, vendo meus sonhos se perderem de um momento para o outro, respondi:

— Não, senhor! Não quero ir embora não. Meu sonho é estar aqui e vou ficar.

No entanto, o tenente foi irredutível. Mesmo implorando para ficar e dizendo que era a melhor chance que tinha para a realidade econômica da minha família, o tenente sentenciou:

— Você não é bem-vindo às Forças Armadas, combatente. Você não tem postura para ser militar.

Desnorteado, antes de sair, acabei prestando continência com os dedos abertos em traje à paisana (roupas comuns), o que é uma falta grave no Exército, pois a continência somente se presta fardado.

— Está vendo, combatente, não sei se isso é um pé de galinha ou um tique nervoso. Só sei que não é uma continência.

Totalmente decepcionado e sem saber o que fazer, decidi que ficaria ali, em pé, na porta do CPOR, e não iria embora enquanto não permitissem meu regresso. Fiquei de segunda a sexta, esperando; só ia para casa comer alguma coisa, tomar banho e rapidamente voltava para a entrada do quartel.

Minha mãe, preocupada, pediu que eu desistisse e acreditasse que Deus mostraria outros caminhos para mim, mas eu respondia:

— Eu vou ficar! Eu quero ficar! Fiz uma promessa a meu avô e esta é minha chance. A senhora mesma me disse que com fé e perseverança conquistamos nossos sonhos. Pois meu sonho é esse, ser tenente do Exército.

Na sexta-feira pela manhã, um major foi até o portão e perguntou:

— Tem algum voluntário aí fora?

Entramos eu e outro menino que tinha acabado de chegar para pegar seu Certificado de Reservista. Como dois rapazes haviam sido cortados na primeira semana, havia duas vagas para completar quarenta alunos em cada um dos nove batalhões.

Como um superior hierárquico do tenente que ordenara minha baixa me reincorporou ao pelotão, o tenente sentiu-se desautorizado em sua ordem e passou a descontar em mim toda sua frustração. Como o leitor pode imaginar, minha vida não foi nada fácil nos primeiros dias: "Urubatan, senta", "Urubatan, levanta", "Urubatan, 10 flexões", "10 não, 20, negão", "Bora, bora, bora", "Urubatan, vai ver se estou lá na caixa d'água, e vai correndo e volta pra me contar", "Pede pra sair, Urubatan! Não quer, paga mais 30, negão", "E essa barba malfeita, tá de pernoite, Urubatan, bora ficar na guarda", "Urubatan, marcha direito, seu bisonho".

Assim passaram-se várias semanas. Eu era o mais visto, o mais lembrado e o mais "sugado" soldado do pelotão. Mas a chance de realizar meus sonhos me dava força para superar todas as dificuldades e continuar com alegria minha jornada.

À noite, reunia o resto de minhas forças e dedicava-me a estudar para a prova de seleção de oficiais temporários. Certa noite, o tenente, me vendo estudar, ordenou que se apagassem as luzes do quartel. Sabe o que eu fiz, querido leitor? Peguei a vela que eu utilizava para lustrar meu coturno e acendi para continuar estudando.

Poucos dias depois, me candidatei e venci as eleições para presidente do grêmio, o que era um cargo alto para um aluno. Como o tenente que havia me expulsado era o superior hierárquico direto da agremiação, ordenava que eu ficasse depois do horário, realizando inúmeras tarefas, noite após noite.

Resultado: de tanto ser cobrado, acabei desenvolvendo rapidamente as habilidades que os oficiais desejavam ver em um combatente. E o mesmo oficial que me perseguia começou a me proteger, por perceber o mérito de minha conduta no Exército.

Depois de um tempo, tive a oportunidade de perguntar ao tenente o porquê dele ter me expulsado no primeiro dia, e ele me respondeu:

— Urubatan, o CPOR tem vários objetivos, e um deles é promover a excelência do Exército para a sociedade brasileira. Os oficiais que aqui se formam vão ser o espelho da tropa. A disciplina, o espírito de corpo, a coragem e a ética são os atributos que a sociedade quer observar nos militares, que devem sempre ser um exemplo de caráter e determinação. No primeiro dia que eu vi você, observei que seus trajes eram completamente inadequados, que você usava gírias e expressões que não condiziam com a fala esperada de um combatente e apresentava trejeitos característicos de alguém que poderia prejudicar a imagem do Exército. Minha função, naquele momento, era justamente avaliar a imagem dos candidatos e selecionar, a partir das primeiras impressões, aqueles que pareciam mais aptos à vida militar, aqueles que levariam seu tempo de caserna como um valoroso momento de aprendizagem, e não como um fardo que custa a passar. Você, Urubatan, me vendeu uma imagem de despreparo e incompatibilidade com o serviço militar. Pense comigo, o que você faria se estivesse no meu lugar e de seus critérios de seleção dependesse o futuro do Exército Brasileiro?

Foi nesse momento, amigo leitor, que comecei a entender a importância da exposição, de estar preparado adequadamente para todas as situações e de saber transmitir, através dos signos visuais e olfativos, dos gestos corporais e da seleção das palavras, a mensagem que desejamos aos nossos interlocutores. As mensagens que transmiti em minha primeira aparição no Exército diziam justamente o contrário de meus desejos, informavam que não queria estar ali e não tinha a postura necessária para me adequar à vida militar. Por isso, quase perdi minha oportunidade e precisei de um enorme esforço para desfazer uma imagem inadequada que transmiti sem querer e construir a imagem que desejava que meus interlocutores tivessem de mim.

Portanto, querido leitor, a preparação e a exposição são fundamentais para que sejamos vistos pelo mundo da maneira que desejamos e para transmitir a imagem que possibilitará a conquista de nossos interlocutores, aspectos imprescindíveis no caminho que nos levará até a realização de nossos objetivos.

CAPÍTULO 4

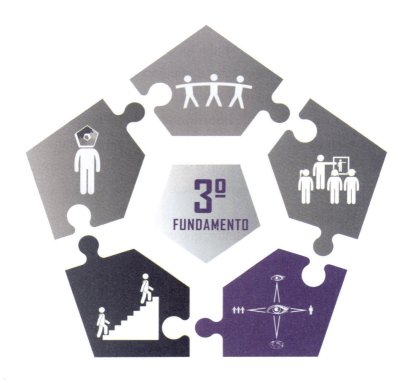

VISÃO HOLÍSTICA
ASSIMILANDO OS DADOS PERCEPTUAIS E AVALIATIVOS PARA A CONTRIBUIÇÃO DO PROCESSO DA CONQUISTA

"Pensar é agir sobre o objeto e transformá-lo."
Jean Piaget

VISÃO HOLÍSTICA

Querido leitor, como já vimos, nossas competências em perceber e avaliar rapidamente os diversos estados emocionais dos cenários em que atuamos, em expressar emoções que colaboram para a consolidação de laços afetivos e em dissimular (não expressar) emoções que afastam nossos conquistandos são imprescindíveis na construção de nossos relacionamentos, seja com familiares, amigos, vizinhos, estudantes, colegas de trabalho ou empregadores.

Imagine-se pedindo um aumento no dia após o time de futebol de seu chefe ter perdido a final do campeonato ou fazendo uma brincadeira com uma amiga que acaba de se separar. Obviamente, as respostas não serão as desejadas, e a culpa em parte é nossa, pois não nos preocupamos em avaliar o cenário emocional antes da interação. Entretanto, como o amigo leitor pode imaginar, nossa ação sobre os cenários em que atuamos, além da correta percepção e avaliação das emoções, demanda a compreensão de outros fatores envolvidos em nossas interações sociais e das inter-relações estabelecidas entre estes fatores.

Por isso, caro amigo, nosso **Terceiro Fundamento da Conquista é: a visão holística.**

Mas o que seria a visão holística?

Amigo leitor, etimologicamente do grego *holos* (todo, inteiro), a palavra holismo aponta para a ideia de que para o entendimento de um fenômeno – uma dificuldade de aprendizado, um comportamento inadequado recorrente por parte de um aluno, um resultado negativo em uma avaliação – é necessário mais do que a compreensão das partes; como já observava Aristóteles, em sua obra *Metafísica*, a compreensão de um fenômeno também necessita da compreensão do todo.

Por exemplo, vamos imaginar que Ana esteja com dificuldade de aprendizado em um problema matemático específico. Para resolvermos o problema de Ana, podemos olhar apenas para a parte (a questão não compreendida, no caso) e buscar uma solução a partir dela (possivelmente, repetir a explicação de como se resolve aquele problema matemático).

Com certeza, o amigo já vivenciou essa e outras situações parecidas, e a repetição da explicação não foi suficiente para a solução do problema. Mas são justamente esses e outros cenários que nos levam a refletir sobre a necessidade de desenvolver um olhar mais amplo em busca da compreensão da totalidade do problema, o que chamamos aqui de visão holística.

Neste sentido, podemos compreender a visão holística como a união entre três formas particulares de percepção.

A visão da parte

A visão da parte é o entendimento das partes separadamente (no caso de Ana, por exemplo, o olhar voltado para o problema matemático não compreendido), e também é o método mais utilizado de compreensão dos fenômenos, tanto em nosso conhecimento comum quanto em nosso conhecimento científico. A organização dos conteúdos escolares, por exemplo, orienta-se através da visão da parte, da visão focalizada em uma área a partir da qual se inicia o processo de ensino e aprendizado; assim, dividimos os conteúdos em disciplinas como matemática, português, biologia e história. Na visão da parte, o problema de aprendizado de Ana também é visto de forma focalizada; se Ana não consegue resolver a questão "x", a solução é explicar novamente até que Ana consiga resolver a questão "x".

Em minhas aulas, costumo chamar a visão da parte de "a visão da águia". Vejamos, a águia é um animal que pode atingir elevadas alturas, conforme apontam os biólogos (cerca de 10.000 metros), altitude da qual consegue ter uma ampla visão de todo o território a sua volta – consegue observar a floresta pela qual sobrevoa, vigiar o seu ninho da presença de um predador, procurar uma presa em meio à vegetação rasteira etc. No entanto, a habilidade mais impressionante da visão da águia é sua capacidade de focalização. A águia-de-asa-redonda, por exemplo, sobrevoando a uma altitude de 5.000 metros, consegue ver um camundongo tentando se esconder em um gramado.

Assim, podemos dizer que a águia é um animal com uma incrível capacidade de focalizar em um determinado ponto e empreender todos seus esforços para rapidamente realizar a ação para a qual destinou sua atenção. Como o leitor deve imaginar, essa também é uma atitude fundamental em nossas práticas educacionais e em nossas demais relações interpessoais. Saber localizar um problema, por menor que ele seja, é o princípio da resolução de muitos conflitos profissionais e pessoais que vivenciamos.

No entanto, como o leitor também deve imaginar, por vezes, a fonte de um problema não está somente no lugar onde o observamos, por isso necessitamos da segunda forma de percepção da visão holística.

A visão global

A visão global é o entendimento do todo, isto é, a percepção dos fenômenos em um horizonte no qual é possível visualizar a soma das partes do cenário. Por exemplo, enquanto na visão da parte somos levados a tentar resolver o problema de Ana por meio da repetição da explicação, na visão global vamos buscar observar o cenário completo no qual a estudante Ana está inserida: sua conduta nas aulas de matemática, sua conduta durante as aulas de outras disciplinas, o rendimento anterior de Ana em matemática e em outras disciplinas, a qualidade dos relacionamentos de Ana na escola e em família etc. Em outras palavras, buscamos uma perspectiva em 360° graus do contexto vivencial de Ana para tentarmos encontrar fontes para o problema que podem não estar em seu ponto de manifestação, isto é, a origem da não compreensão de uma questão de matemática pode estar relacionada a um problema relacional que, se não cuidado com a devida precaução, pode desencadear problemas de aprendizado em todas as disciplinas. Assim, mesmo quando conseguimos resolver o problema matemático de Ana com uma segunda explicação, a visão holística nos leva a olharmos para todo o contexto no qual a aluna se encontra, visando identificar todas as causas possíveis.

Amigo leitor, costumo chamar a visão global de "a visão do coelho". Geralmente, lembramo-nos do coelho somente pela sua fisionomia meiga, contudo, esse delicado animal também é conhecido por uma interessante característica a qual damos pouca atenção: a visão periférica. O coelho consegue ver em 360º, ou seja, ele vê em todos os ângulos. Se voltarmos ao exemplo de Ana, o coelho nos ensina a procurar observar as diferentes dimensões do problema como um todo, e não só dando o foco atencional para Ana, mas para toda a turma, da forma mais homogênea possível, pois o problema relatado por Ana também pode ser decorrente da escolha de uma metodologia equivocada de explicação do conteúdo que acabou deixando diversos alunos com a mesma dúvida, mas muitos preferem não dizer, alguns pela timidez, outros por não querer decepcionar o professor etc.

Nesse sentido, o olhar 360º do coelho nos ensina a prestar atenção em todos em sala de aula, sem privilégios ou eleições, tanto para o aluno mais dedicado quanto para o aluno com maiores dificuldades. Assim, podemos dizer que o olhar do coelho também é o olhar do "sentir-se parte de um corpo": é por meio deste olhar igualitário que também promovemos o sentimento de equipe e fortalecemos os laços de cooperação, possibilitando a criação da noção de igualdade.

Além da visão da parte e da visão global, necessitamos de uma terceira forma de percepção.

A visão sistêmica

A visão sistêmica é o entendimento das ações, das interações, das retroações, das determinações e, inclusive, dos acasos que decorrem das inter-relações estabelecidas entre as partes inseridas em um todo. Em outras palavras, a compreensão das ligações existentes entre todos os fatores que compõem um sistema – uma classe de aula, uma escola, uma comunidade escolar, um bairro, uma cidade etc. Voltando ao exemplo de nossa estudante, vamos pensar que Ana sempre tenha sido uma excelente aluna em matemática, mas começou a apresentar baixo rendimento nas avaliações. Nossa primeira medida foi explicar mais cuidadosamente as questões para Ana. Pois bem, vamos imaginar que Ana, depois de uma segunda explicação, demonstrava compreender perfeitamente a questão, no entanto, na avaliação, novamente obtinha um resultado abaixo do esperado. Na visão global, começamos a tentar compreender o contexto completo no qual Ana estava inserida e observamos que nossa excelente estudante de matemática não gostava da disciplina de português, por conta disso, não obtinha resultados positivos nas avaliações da disciplina.

Neste ponto, amigo leitor, a visão holística nos exige a compreensão sistêmica da situação de Ana, isto é, o entendimento da relação entre esses dois fatores: o rendimento de Ana em matemática e o rendimento de Ana em português.

Urubatan, pode explicar melhor?

Com certeza, amigo. O problema de Ana não estava na compreensão dos cálculos matemáticos, mas na compreensão do enunciado da questão. Quando explicávamos pela segunda vez a questão, Ana compreendia o que estava sendo perguntado e resolvia sem problemas o cálculo matemático; no entanto, na avaliação, sem a explicação do sentido do enunciado, não compreendia o que estava sendo perguntado, e os problemas de compreensão textual levavam-na a errar na resolução do problema matemático. Eis o terceiro elemento de nosso triângulo da visão holística: compreender a relação entre as partes do sistema.

Voltando a nossas metáforas do reino animal, costumo dizer que a visão sistêmica é a "visão do morcego". Pois bem, amigo leitor, ouvimos frequentemente que os morcegos são cegos e se locomovem por meio de uma espécie de sonar. Isto é parcialmente verdade, muitas espécies de morcegos são realmente cegas, outras, no entanto, enxergam muito bem; mas, no caso, é essa espécie de sonar que nos interessa em nossa metáfora. Como sabemos, os morcegos emitem ondas sonoras em frequências que, quando colidem com um obstáculo, retornam e são captadas por seus ouvidos, possibilitando-os medir a distância, dimensão e, por vezes, textura do objeto.

Em outras palavras, poderíamos dizer que o morcego é um animal que "enxerga no escuro", habilidade semelhante ao que entendemos por nossa visão sistêmica. Além da visão da parte e da visão global, necessitamos compreender as relações estabelecidas entre as partes no todo, competência que não requer apenas a visão, mas algo semelhante a um sonar, uma competência que nos permite calcular, além da aparência sensível das partes e do todo, as ações, as interações, as retroações, as determinações e os acasos que decorrem das relações que se estabelecem no interior de um sistema, seja uma aula, uma sala, uma escola, uma comunidade escolar, um bairro etc.

Para melhor situar nosso raciocínio, vamos imaginar uma sala de aula na qual há um aluno aparentemente "mais atencioso". Essa característica não é suficiente para saber se esse aluno gosta do professor, ou gosta da disciplina, ou é introspectivo, ou tem grandes dificuldades para compreender mesmo acompanhando a aula etc. São as relações entre os diversos fatores da conduta deste estudante que vão possibilitar entendermos sua real situação em sala de aula.

Como já dissemos anteriormente, somos naturalmente propensos a agir a partir de prejulgamentos que, muitas vezes, não condizem com a realidade. A visão sistêmica nos permite avaliar, a partir de diferentes fatores, se as clássicas divisões que realizamos em sala de aula quase que instintivamente – sério, comportado, levado, atencioso, prestativo, bem-educado, mal-educado etc. – coincidem com a realidade de cada estudante.

Portanto, leitor amigo, para conquistarmos nossos interlocutores, podemos estabelecer como nossa **quinta lei da conquista:** saber conciliar e utilizar adequadamente a competência de focar em um problema específico e encontrar sua solução (visão da águia), a competência de enxergar o problema por todos os ângulos possíveis (visão do coelho) e a competência de compreender a relação entre os diversos fatores que podem incidir sobre um mesmo problema (visão do morcego).

Esta visão holística dos cenários em que atuamos nos possibilitará promover a qualidade da educação que desejamos ofertar a nossos educandos, qualidade que perpassa tanto os valores éticos e culturais quanto os objetivos políticos, pedagógicos e didáticos da instituição escolar, visto que a atuação que esperam que exerçamos sobre o corpo escolar também é holística. De nós, educadores, os estudantes esperam a preparação necessária para os testes, avaliações e obstáculos que a vida futura lhes reserva; a coordenação pedagógica, o cumprimento dos objetivos didáticos e pedagógicos; os pais e responsáveis, o atendimento das expectativas que confiaram à instituição; a sociedade, a oferta de uma educação que, além dos conteúdos escolares, promova os valores éticos necessários à formação de cidadãos solidários e conhecedores de suas responsabilidades com o próximo, com a sociedade e com o meio ambiente.

Talvez neste momento o amigo leitor me pergunte: Urubatan, como desenvolver e aperfeiçoar minha visão holística?

A pergunta do querido leitor nos encaminha ao **primeiro atrator** da visão holística: **construir um ambiente**. O primeiro passo, além da compreensão dos diferentes fatores que influenciam os cenários em que atuamos, é saber construí-los a nosso favor e, para tal fim, necessitamos estar verdadeiramente presentes e conscientes desse ambiente.

O lar, a vizinhança, a padaria onde tomamos café, o nosso local de trabalho, a escola, a universidade, enfim, os diferentes ambientes que frequentamos diariamente são construídos a partir da maneira como nos portamos nesses locais. Como já conversamos a respeito do poder da gentileza e da noção de igualdade, o bom-dia carinhoso, a conversa com quem nos serve café, o diálogo com os estudantes, a troca de experiências com os colegas de trabalho; enfim, o saber ouvir sinceramente o que os outros desejam transmitir a nós são ações que promovem a sensação de bem-estar comum, de gentileza e de reciprocidade, são ações que abrem os "espaços para sorrir", compartilhar, cooperar e se engajar em objetivos comuns.

Em poucas palavras, como nos ensina John Watson, os estímulos que transmitimos ao ambiente através de nossos comportamentos diários constroem os cenários em que atuamos. Saber compreender a relação entre os estímulos que transmitimos e as respostas recebidas constitui uma importante parte do desenvolvimento da visão holística.

Não somos máquinas programadas para executar a mesma função diária. Ao contrário do mecanismo de um relógio, que exerce sua função isoladamente do ambiente e dos interlocutores, nós necessitamos sempre estar conscientes dos processos de estímulo-resposta que constituem as nuances de cada cenário.

Por exemplo, o comportamento gentil com a senhora que me serve o café ocasiona, em condições normais, a retribuição por meio de outro comportamento gentil. Quando não há esta resposta, como nos ensina John Watson na psicologia behaviorista, devemos imediatamente atentar que outro fator, independente de meu comportamento, está causando uma interferência na relação que estabeleci com a senhora do café (um problema na família, um desentendimento com um colega de trabalho etc.). O mesmo ocorre na esfera educacional.

Para contextualizar com uma experiência pessoal, irei compartilhar algo que me aconteceu no início de minha carreira docente, quando procurei retornar como professor ao colégio em que cursei a Educação Básica. Um professor muito querido e excelente profissional que também me deu aulas naquela instituição, o professor Chiquinho, necessitou ser substituído e indicou meu nome à coordenação pedagógica.

Em meus primeiros dias em sala de aula, agi da forma como conversamos: com gentileza no trato com os estudantes, sabendo ouvir e prestando atenção em cada aluno em particular, buscando compreender a complexidade da turma como um todo, procurando engajá-los no objetivo comum de compreender o conteúdo das aulas etc. No entanto, a resposta do ambiente foi de notória rejeição e completa hostilidade.

Pois bem, como o leitor já sabe, quando a resposta de um ambiente não condiz com o estímulo dado, possivelmente a causa está em um fator exterior à equação estímulo-resposta.

Em pouco tempo, entendi que, como eu, aqueles estudantes admiravam muito o professor Chiquinho e não se conformavam com a substituição, independentemente dos esforços que eu realizava. O que fiz? Contei aos estudantes que também fora aluno do Chiquinho e comecei a expor minha admiração pelo antigo professor, explicando que, embora tivéssemos práticas docentes diversas, ambos, eu e o professor Chiquinho, tínhamos o mesmo desejo: promover o aprendizado e desenvolvimento da turma. Assim, consegui construir um ambiente no qual a minha presença também importava aos estudantes, e não apenas o que poderiam aprender comigo ou com qualquer outra pessoa.

Mas como construir um ambiente de cooperação, respeito mútuo e comprometimento com um mesmo fim?

Há duas maneiras para a construção de ambientes propícios à conquista:

a) a construção a partir do conhecido, quando o cenário já nos é familiar e nossa ação torna-se a reconstrução, a transformação daquele ambiente em um lugar no qual podemos exercer com plenitude nossas competências (como no caso em que substituí o professor Chiquinho: já conhecia a instituição, o público que a frequentava, o entusiasmo dos alunos com as aulas de física, os coordenadores etc.; no entanto, a reação dos alunos ao afastamento do professor Chiquinho me obrigou a reconstruir a relação professor/estudantes);

b) a construção a partir do novo, quando não possuímos conhecimento sobre o local e o contexto vivencial que ali se desenvolve e necessitamos construir a partir do desconhecido. Permita-me, amigo leitor, também exemplificar a construção a partir do novo com outro exemplo de minha vida, não de minha carreira docente, mas de uma aventura de minha juventude.

Quando adolescente, sonhava ser o MC Uruba. Um MC, para o leitor que não sabe, são garotos ou garotas que cantam suas próprias composições em bailes funk. Minha mãe não apoiava de forma alguma meu sonho de ser cantor de funk, muito menos permitia que eu fosse até os bailes.

Como fazer para transformar o MC Uruba em uma estrela, amigo leitor? A situação era complicada: primeiro porque não queria desobedecer minha mãe e ir para os bailes sem sua permissão; segundo porque sem ir para os bailes não havia possibilidade de me tornar MC.

Na época, trabalhava como vendedor em uma loja esportiva do grande ex-jogador do flamengo Zinho, e apareceu a oportunidade de me inscrever no concurso da Furacão 2000, produtora e gravadora carioca especializada em funk. Como o concurso era um evento televisionado pela Rede CNT (apresentado por Rômulo e Verônica Costa), realizado em um estúdio totalmente seguro, pude ir sem desagradar minha mãe.

Mas eis que surge outro problema: e minha torcida, cadê? Todos os garotos que participavam do concurso já eram conhecidos como jovens MCs onde moravam e tinham a torcida de suas comunidades, e a empolgação da torcida contava pontos no concurso. Eu, ao contrário, não era conhecido por ninguém.

Nesse momento, surge uma oportunidade! Uma comunidade estava sem seu representante, procurei seu líder comunitário e disse que poderia representá-los e, assim, eles teriam alguém por quem torcer; e eu, uma torcida quando chegasse minha vez de subir ao palco. Eles aceitaram aquela proposta de cooperação e, durante a apresentação, eu mandava recados para a minha nova comunidade que imediatamente respondia calorosamente. Minha interação com a torcida foi tão surpreendente que até os jurados se sentiram contagiados com aquela animação, e acabei ganhando o concurso. Em outras palavras, sem compreender direito o que fizera, consegui observar holisticamente as possibilidades daquele ambiente e traçar estratégias para interagir positivamente com as pessoas que estavam presentes para que pudéssemos ir em direção a nosso sonho comum: vencer a disputa. Mesmo campeão, minha carreira de MC acabou por ali, para a alegria de minha mãe.

Outra história que nos revela a importância da construção dos ambientes é a famosa trajetória do personagem bíblico José.

**Primeiro Atrator:
CONSTRUIR UM AMBIENTE
Como proceder?**

- Sempre planeje com antecedência sua atuação em sala e, quando possível, utilize os diferentes recursos disponíveis que podem tornar a aula mais atraente e produtiva (vídeos, jogos, materiais didáticos e paradidáticos diferenciados etc.);

- Procure não emitir opiniões sobre temas polêmicos quando não são pertinentes ao conteúdo estudado antes de construir um ambiente favorável para suas aulas;

- Fale bem do trabalho dos seus amigos professores, evite críticas. Lembre-se: ao elogiar seus colegas você fortalece a equipe; ao criticá-los, promove o individualismo e enfraquece o grupo (não se esqueça, uma equipe considerada fraca, mesmo com alguns bons jogadores, continua sendo uma equipe fraca).

José, como o amigo leitor provavelmente sabe, era o filho mais novo de Jacó, concebido em sua velhice e, por isso, muito querido pelo pai. Jacó amava tanto José que o tratava de forma diferente dos irmãos, dando-lhe presentes que os outros não ganhavam — por exemplo, uma túnica digna de um príncipe — além de colocá-lo para supervisionar as atividades de pastoreio que os irmãos realizavam. Nesses momentos, José ainda contava aos irmãos os sonhos grandiosos que havia tido nas noites anteriores. A inveja e a cobiça do favoritismo de José começaram a despertar nos irmãos um ódio cada vez maior pelo caçula da família. Até que, certo dia, seus irmãos prenderam José e o venderam como escravo no Egito.

Como o amigo leitor também pôde concluir, o ambiente construído por Jacó e José naquela relação familiar foi um ambiente hostil, alimentado todo o tempo pelo distrator da desigualdade. Mesmo que nada justifique a atitude dos irmãos de José, facilmente vemos que um ambiente mal-construído pode ocasionar consequências pouco desejadas.

No Egito, José foi preso injustamente por Potifar; no entanto, na prisão, sua habilidade em revelar o significado dos sonhos do monarca transformou-o de escravo em governador. No poder, José mandou chamar os irmãos e o pai, perdoou aos irmãos e reconstruiu um novo ambiente familiar no qual o convívio fraternal tornou-se cooperativo e não mais competitivo.

E em sala de aula, como podemos construir ambientes propícios?

Como já falamos no capítulo anterior, a boa apresentação é imprescindível. Como nos ensina Max Gehringer, escritor e administrador de empresas nacionalmente conhecido, os primeiros trinta segundos são decisivos, pois é nesse período que os ouvintes decidirão se irão gostar ou não do palestrante. Nos momentos subsequentes, Gehringer diz que o palestrante pode até tossir, gaguejar ou perder-se um pouco em sua fala, pois já terá conquistado ou não a simpatia e a atenção de sua plateia.

No âmbito educacional, seja em um encontro individual ou com toda a turma, os primeiros momentos serão, do mesmo modo, decisivos para ganharmos a confiança dos estudantes.

Mas nem sempre os instantes iniciais são o suficiente para a conquista. Por vezes, também é necessário saber desconstruir um ambiente de hostilidade que foi instaurado antes de nossa presença.

No filme *Escritores da liberdade*, por exemplo, observamos o conflito inicial entre a professora de história Erin Gruwell (interpretada brilhantemente por Hilary Swank) e uma problemática turma de uma escola de periferia norte-americana.

Sendo esta sua primeira experiência docente e acreditando que encontraria uma turma interessada em perseguir conjuntamente os objetivos educacionais, Erin Gruwell depara-se com uma dura realidade na qual o papel do professor não é simplesmente mediar problemas de compreensão dos estudantes, mas conviver e lidar com a dramática situação social vivenciada pelos alunos, diariamente expostos às desigualdades econômicas, aos preconceitos étnico-raciais, à violência das gangues, à falta de estrutura familiar, entre outros graves problemas.

Além disso, Erin Gruwell, branca e de uma família de classe média, ainda precisava se desvencilhar da imagem de representante de uma sociedade branca opressora que, conforme observamos no capítulo anterior, é constituída pelos processos de conformação e atribuição de valor que formam nossos prejulgamentos; no caso, a primeira impressão que a professora causara nos estudantes.

A professora Gruwell, então, decidiu enfrentar a situação e lutar para desconstruir o ambiente hostil anteriormente construído, tanto no nível do relacionamento entre os alunos, marcado por conflitos étnico-raciais, quanto no relacionamento entre professora e alunos, definido pela desconfiança e descrença nas reais intenções da docente.

Erin Gruwell reapresenta-se como uma professora verdadeiramente preocupada com a subjetividade e com os problemas vivenciados por cada estudante, mostrando acreditar no sucesso daqueles estudantes quando ninguém mais acreditava.

A confiança na sinceridade dos propósitos da professora engendrou a conquista dos estudantes, como também **a transformação de suas atitudes hostis em cooperação e engajamento com o sucesso coletivo**. A jovem professora Erin nos ensina uma importante lição sobre diversos atratores que mencionamos até aqui: o imprescindível **agir por dever,** pois Erin lutou para realizar o dever ético de todo professor – possibilitar melhores oportunidades de futuro a seus alunos; o vital **fazer perceber-se positivamente**, como alguém que realmente se preocupa com seus alunos; o indispensável **apresentar-se e reapresentar-se**, porque, como vimos, para a desconstrução da primeira impressão foi necessário à professora saber reapresentar-se diversas vezes; a necessária **noção de igualdade,** que possibilitou aos estudantes o aprendizado sobre o respeito às diferenças.

Além disso, o filme *Escritores da liberdade*, baseado nas experiências reais de transformação daquela jovem professora e de seus alunos, também nos mostra, como bem pontua a filósofa alemã Hannah Arendt, que **a educação é um modo de amar e um ato de responsabilidade com o próximo – responsabilidade pela libertação que o conhecimento propicia e responsabilidade pelo futuro de um mundo que estaria condenado sem a renovação que somente a educação é capaz de engendrar**.

Nosso **<u>segundo atrator</u>**, querido leitor, que dialoga profundamente com a construção de um ambiente, é o **estar presente**.

"Converte o deserto em lago, e a terra seca em nascentes. E faz habitar ali os famintos, que edificam cidade para a sua residência."

Salmos 107

O que é estar presente, Urubatan?

Amigo leitor, imagine que eu faça uma viagem com minha família para um lugar muito bonito, muito tranquilo, com belas paisagens e com a exuberância da natureza a nos convidar a um momento único de convívio familiar. Provavelmente, hoje, como há vinte anos, decidiríamos tirar fotos daquele momento.

Há vinte anos, depois de concluída a viagem, eu levaria o filme da máquina para ser revelado, escolheria pelos negativos quais as melhores fotos, revelaria essas fotos para colocar no álbum da família e, possivelmente, colocaria a melhor foto na estante da sala. A foto seria uma memória de fácil acesso de um belo momento de convivência para mim e para minha família, um símbolo de nossa união que exporíamos aos que nos visitassem e o mote para contarmos uma boa lembrança àqueles que perguntassem onde estávamos naquele dia.

Hoje, com o avanço tecnológico e a conectividade que o surgimento da internet possibilitou, selecionamos instantaneamente as melhores fotos, apagamos em definitivo as que não nos agradaram e publicamos em nossas redes sociais a melhor foto. Imediatamente, somos avisados da repercussão de nossa postagem e o valor de nossa viagem familiar é mensurado naquele instante e pelos próximos minutos através do número de "curtidas" e "comentários" recebidos pela postagem, que cuidadosamente acompanhamos e respondemos.

Pois bem, a principal diferença entre estes dois momentos não é somente a transformação tecnológica, mas, sobretudo, a forma como vivenciamos aquele momento em família. As redes sociais afastam nossa verdadeira presença do cenário, já não estamos mais ali, no convívio familiar; estamos entre inumeráveis "perfis" dos quais esperamos ansiosamente a aprovação. No passado, entretanto, teríamos vivenciado o momento sem a necessidade de uma avaliação exterior.

Na sala de aula, frequentemente encontramos cenários semelhantes. Os estudantes dispersam-se durante a aula com conversas sobre o que aconteceu com Paulo no fim de semana, o que descobriram de Joana, o que fez a Aline etc.

Obviamente, como o amigo leitor sabe, desde nosso tempo de escola existiam tais conversas paralelas. No entanto, hoje observamos uma intensificação deste problema que se reflete na grande dificuldade que os estudantes encontram em focalizar sua atenção em um mesmo objeto por muito tempo. Até nós, educadores, sentimos dificuldade em aproveitar aquele momento "mais tranquilo" da aula para observar as necessidades cognitivas e afetivas de nossos estudantes e facilmente desviamos nossa atenção corrigindo uma avaliação de outra turma, preparando o material para a aula seguinte, planejando o fim de semana etc.

Além disso, como nos ensinam o filósofo francês Gilles Lipovetsky e o sociólogo polonês Zygmunt Bauman, a conectividade das redes sociais, à medida que amplifica o estabelecimento de relacionamentos virtuais, paradoxalmente diminui nossa capacidade de estabelecer laços afetivos duradouros, visto que a facilidade em conectar e desconectar torna os laços sociais efêmeros e instáveis. Assim perdemos a capacidade de reconhecer a diversidade de emoções das pessoas com quem convivemos e desaprendemos como autogerenciar as próprias emoções – competências fundamentais para o sucesso das interações reais.

Este cenário, conforme Lipovetsky, leva-nos a ficar cada vez mais isolados e reféns dos meios de comunicação, como também a colocar os interesses pessoais acima dos interesses do grupo, prejudicando o sentimento de pertencer a um corpo, os laços de cooperação, o engajamento a objetivos comuns.

A importância do estar presente, neste sentido, se traduz em nossa capacidade de aproveitar genuinamente o momento em que vivemos.

Em nossa atuação docente, por exemplo, o sucesso dos processos educacionais depende do envolvimento intersubjetivo capaz de promover um ambiente no qual os atores reconheçam-se em sua condição de seres humanos constituídos por diferentes culturas, gostos, desejos, emoções, preferências e preocupações.

O psicólogo norte-americano Frank Gresham, professor da *Louisiana State University*, chama esta capacidade de reconhecer e de lidar com as diferentes culturas, gostos, desejos, emoções, preferências e preocupações de nossos interlocutores de competência social – conjunto de habilidades social e culturalmente compartilhadas que facilita o surgimento e a preservação de relações sociais positivas, contribui para a aceitação de um novo membro no grupo e para o desenvolvimento de relações de amizade, resulta em integração escolar satisfatória e permite aos indivíduos que lidem com os desafios relacionais e se adaptem às demandas do meio social.

Deste modo, amigo leitor, podemos dizer que o estar presente divide-se em três dimensões:

a) **A dimensão pessoal**: o professor deve estar atento aos próprios comportamentos que destacam o estar genuinamente presente, buscando agir de modo a aprimorar sua relação com os estudantes: a ostensiva atenção às demandas cognitivas e afetivas individuais de cada aluno, o elogio em público para elevar a autoestima e a repreensão em particular para evitar situações vexatórias, os gestos afetuosos e as demais ações das quais já falamos que promovem o comprometimento e a cooperação mútua.

b) A dimensão institucional: o professor deve estar atento às particularidades e às demandas de cada instituição escolar em que atua, deve se fazer genuinamente presente na realização dos ritos e festividades escolares, mostrando sempre o valor dessas práticas e seu interesse pessoal em executá-las.

c) A dimensão cultural: o professor deve buscar compreender, valorizar e agir de acordo com a cultura de cada comunidade escolar, buscando reconhecer e respeitar as crenças e os valores presentes na comunidade. No plano das relações, tais ações vão revelar a adequação entre a conduta do docente e as práticas interpessoais e institucionais da comunidade. No plano cultural, tais ações vão demarcar a presença do professor como "um de nós" para aqueles estudantes, isto é, alguém em quem podem confiar, um líder com o qual podem caminhar juntos para a realização dos objetivos comuns. No plano ético, tais ações serão necessárias para o professor demonstrar familiaridade e concordância com os valores locais que instituem laços cooperativos naquela comunidade.

Assim, amigo leitor, você que luta por uma educação igualitária, cidadã e de qualidade para todos, desenvolverá suas competências não apenas a fim de promover o desenvolvimento cognitivo dos estudantes, mas também para o necessário aprimoramento das relações comunitárias e sociais e a imprescindível preocupação com o meio ambiente.

Desse modo, **estar presente genuinamente ultrapassa o espaço físico e as demandas da instituição e nos permite abarcar a plenitude da missão da escola: construir uma sociedade melhor**.

Nosso **terceiro atrator** da visão holística, querido leitor, é o **gerenciamento das individualidades**.

- Não deixe o celular ligado durante sua aula. Caso tenha algo importante para fazer, faça antes ou depois da aula. Deixar o celular ligado é enviar para seus alunos a mensagem de que há coisas mais importantes do que estar ali naquele momento, incentivando-os a pensarem da mesma forma;

- Tente lembrar o nome de todos os seus alunos. Quando alguém não lembra o nosso nome, associamos esse esquecimento a um desinteresse por quem somos;

- Evite ler jornais, corrigir provas, preencher relatórios e realizar outras atividades durante suas aulas, mesmo que os alunos estejam fazendo alguma atividade. Você pode desviar o foco atencional de seus estudantes da atividade que estão realizando, como também aparentar desinteresse por estar ali.

A partir dos ensinamentos do psicólogo holandês Gerardus Heymans, podemos identificar em uma sala de aula três comportamentos:

a) o comportamento colaborativo, que apresenta como sua essência a cooperatividade;

b) o comportamento resistente, que se caracteriza pela rigidez e indisposição à mudança;

c) o comportamento indiferente, que tem como traço principal o desinteresse em participar de atividades cooperativas.

Gerardus Heymans relaciona esses comportamentos a três diferentes tipos de temperamento:

◉ o comportamento colaborativo é característico de pessoas que apresentam um temperamento proativo, sempre estão dispostas a engajar-se em atividades de grupo, têm opiniões mais flexíveis e autogerenciam suas emoções de forma mais sociável, evitando confrontos; no entanto, geralmente não gostam de assumir a liderança da equipe, são inseguras para "encabeçar" as ações (preferem realizar atividades iniciadas pelos outros) e não são afeitas a atividades que demandam muito tempo de reflexão e análise individual.

◉ o comportamento resistente é característico de pessoas que apresentam um temperamento de líder (no sentido hierárquico), possuem dificuldade em trabalhar em equipe, raramente aceitam as opiniões dos colegas, geralmente encaram as divergências como afrontas pessoais e expõem ostensivamente seu descontentamento, causando desconforto entre os membros de uma equipe; no entanto, assumem facilmente as responsabilidades de um líder e têm extrema habilidade em dividir funções e atividades.

⊚ o comportamento indiferente é característico de pessoas que apresentam um temperamento intrapessoal, preferem não trabalhar em equipe, são indiferentes às opiniões dos colegas e geralmente não expressam emoções, sejam positivas ou negativas, frente ao grupo; no entanto, assumem facilmente atividades que demandam períodos mais longos de reflexão individual e são excelentes em apresentar propostas individuais de solução que podem ser posteriormente discutidas em grupo.

Pois bem, amigo leitor, a partir dos princípios da visão holística devemos detectar e gerenciar sistemicamente esses comportamentos dentro da compreensão global de nossas ações. Estudantes que apresentam comportamento colaborativo são excelentes para realizar a exposição de trabalhos realizados em equipe, como também para complementar nossas explicações dos conteúdos e incentivar a turma à discussão sobre o tópico da disciplina estudado. Estudantes que apresentam comportamento resistente são excelentes condutores dos trabalhos quando os ajudamos com o autogerenciamento de suas emoções, como também podem auxiliar o professor no engajamento dos demais estudantes quando sabemos lhes designar essa atividade. Estudantes que apresentam comportamento indiferente são fundamentais na proposição de soluções que demandam maior reflexão solitária e podem colaborar para o aperfeiçoamento das propostas de outros colegas quando lhes mostramos a importância de seu papel no sucesso do coletivo.

Enfim, o sucesso de nossas práticas educacionais, além de nosso conhecimento pessoal dos conteúdos que lecionamos, depende da compreensão das individualidades presentes na sala de aula e da sábia coordenação sistêmica das competências e habilidades de cada estudante, prática que orientada pelo desenvolvimento de nossa visão holística promoverá a aproximação, motivação e comprometimento de nossos estudantes com os objetivos educacionais que propomos. Em outras palavras, a visão holística no gerenciamento das individualidades proporcionará a efetiva conquista.

VISÃO HOLÍSTICA

**Terceiro Atrator:
GERENCIAMENTO DAS INDIVIDUALIDADES
Como proceder?**

- Procure sempre transformar positivamente seus estudantes, mas não esqueça de que cada um tem sua própria individualidade que precisa ser respeitada;

- Focalize sua atenção nas competências e dificuldades de cada estudante, e não somente no comportamento. As competências vão propiciar o crescimento do grupo e as dificuldades são os obstáculos a serem superados;

- Identifique os líderes de atitudes positivas da turma e peça ajuda;

- Identifique os líderes de atitudes negativas e também peça ajuda. Transforme-os mostrando que também são importantes para o grupo e para suas aulas.

"Ajude-me a agir por mim mesmo."
Maria Montessori

Nosso **quarto atrator** da visão holística, querido leitor, é a **construção de zonas de conforto**.

Agora que já compreendemos a importância de construir ambientes favoráveis, de estar genuinamente presente em nossas aulas, de gerenciar as individualidades em prol de objetivos comuns e de analisar adequadamente os ambientes em que se inserem as instituições educacionais, nosso último atrator nos aponta para a importância da criação de zonas de conforto.

O que são zonas de conforto, Urubatan?

Pois bem, querido leitor, os professores Chan Kim e Renée Mauborgne, da área de marketing e administração, criadores da **estratégia do oceano azul**, alertam-nos sobre a importância de agregar a produtos e serviços atributos que os diferenciem dos demais, possibilitando uma fuga da zona da comoditização, lugar de embate entre os concorrentes. Em outras palavras, na metáfora dos autores, devemos buscar oceanos azuis, isto é, lugares no qual o valor de nossos produtos e serviços esteja relacionado a características que são exclusivas; e evitar oceanos vermelhos, zonas de conflito caracterizadas pela ampla concorrência, nas quais todos oferecem o mesmo produto ou serviço.

Para Chan Kim e Renée Mauborgne, os oceanos azuis são zonas de conforto, visto que a conquista dos clientes deve-se à oferta de produtos e serviços singulares, oferta que nos encaminha para mercados e demandas específicas, longe dos concorrentes.

Se utilizarmos essa metáfora no âmbito educacional, também podemos compreender a visão holística como a procura por estes oceanos e lugares a partir dos quais podemos conquistar com maior facilidade o afeto e o comprometimento de nossos estudantes.

O que são zonas de conforto no ambiente educacional, Urubatan?

Amigo leitor, vamos recordar os melhores professores que passaram por nossa vida. Todos eles se destacavam principalmente por alguma qualidade em particular: a capacidade oratória, o domínio dos conteúdos da disciplina, a preparação adequada das atividades a serem realizadas em sala de aula, a preocupação com o aprendizado dos alunos etc.

Nas instituições educacionais em que atuamos, também encontramos esses colegas de profissão que têm qualidades que encantam e conquistam os estudantes. Às vezes, quando somos novos em uma instituição, procuramos compreender estas "técnicas" de nossos colegas e aplicar em nossas aulas. De certa forma, embora tais técnicas possam efetivamente melhorar nossa prática docente, podemos estar incorrendo em um erro estratégico ao competir em um espaço no qual já há um docente com extrema competência.

É necessário buscarmos algo genuinamente nosso. Como veremos no próximo capítulo, é fundamental compreendermos nossos atributos e competências e saber aperfeiçoá-los e explorá-los com eficácia para a conquista.

Podemos observar também que a maioria dos docentes procura conquistar aqueles estudantes que são considerados os melhores alunos, buscando estabelecer o comprometimento da turma a partir deles, isto é, estabelecendo um ambiente de competição pela sua atenção, enquanto pode ser muito mais fácil conseguir o comprometimento da turma por meio dos outros estudantes, daqueles que apresentam dificuldades, daqueles considerados indisciplinados, daqueles com déficit de atenção, dos introspectivos etc. Voltando à metáfora de Chan Kim e Renée Mauborgne, quase não há competição nessas águas, e o comprometimento desses alunos irá repercutir favoravelmente na conquista dos demais.

Caro leitor, permita-me novamente trazer um exemplo de minha vida profissional para exemplificar o conceito do oceano azul no âmbito educacional.

Quando montei meu primeiro curso preparatório, voltei-me ao atendimento de duas demandas dessa área educacional: curso "pré-vestibular" e curso "pré-militar" (preparatório para a carreira militar). Na área dos cursos pré-vestibulares, observei que as instituições que atuavam sobre esta demanda voltavam seu foco atencional quase que exclusivamente à carreira de medicina, isto é, todos os estudantes eram preparados para prestar vestibular de medicina, como se essa fosse a escolha de todo o público atendido. Na área dos cursos pré-militares, as instituições voltavam-se aos concursos para o ingresso na Academia da Força Aérea – AFA, na Escola Preparatória de Cadetes do Ar – EPCAR, no Concurso Público de Admissão à Escola Naval – CPAEN e na Escola Preparatória de Cadetes do Exército – EsPCEx, isto é, todos direcionavam seus esforços para a carreira de oficial da Aeronáutica, da Marinha e do Exército, e pouco se preocupavam com os concursos destinados à carreira de praça das Forças Armadas.

O que observei: tanto os estudantes que desejavam prestar vestibular para outras áreas (administração, contabilidade, licenciaturas etc.) quanto os estudantes que desejavam fazer concurso para praça das Forças Armadas (Escola de Sargento das Armas – EsSA, Aprendiz de Marinheiro, Sargento Especialista da Aeronáutica) estudavam nesses cursos preparatórios que não eram voltados a eles, que não focavam nas necessidades específicas dessas áreas e nem voltavam sua publicidade para atrair esse público.

Quando notei que esse público era negligenciado pelos meus concorrentes, voltei meus esforços para essas áreas, tanto para a publicidade quanto para a especificidade dos conteúdos estudados em sala. O que aconteceu foi que em pouco tempo consegui atrair para meu curso preparatório um público que não era atendido adequadamente pela concorrência. Como investi em um curso específico para essas áreas, rapidamente consegui resultados expressivos (vários primeiros lugares) nestes concursos, o que consolidou a fama de minha instituição, trazendo-me mais estudantes e, dessa forma, gerando maiores recursos financeiros que me possibilitaram investir também em cursos preparatórios para as carreiras de oficiais e para os vestibulares mais concorridos.

Assim, ter investido em uma oferta quase exclusiva para aquela demanda (meu oceano azul) gerou os recursos necessários para que eu pudesse concorrer com a demanda que era mais disputada. Além disso, a fama dos cursos preparatórios e os recursos financeiros provenientes do crescimento do público atendido me possibilitaram investir também na Educação Básica. Em pouco tempo, possuía três unidades de cursos preparatórios e três colégios na região.

Posteriormente ao êxito já obtido com os colégios e cursos preparatórios (estava com cerca de 5.000 alunos), decidi me arriscar por outros mares – desenvolver um sistema de ensino. Minha primeira ação também foi pesquisar quais oceanos ainda não eram navegados nesta área. Descobri que os sistemas de ensino eram praticamente um mercado exclusivo das grandes editoras do país, e todas essas editoras voltavam seu foco atencional a instituições educacionais que possuíam, no mínimo, mais de 500 alunos; ou seja, as escolas de pequeno porte não eram consideradas pelos grandes desenvolvedores de sistemas de ensino. Além disso, como o preço dos sistemas de ensino era elevado, escolas muito pequenas optavam por utilizar livros didáticos.

Assim, encontrei outro oceano azul. Voltei meus esforços ao atendimento dessas instituições menores que eram negligenciadas pelos concorrentes. Desenvolvi um material voltado às necessidades desse público, entrei em contato com diversas escolas de pequeno porte que não possuíam um sistema de ensino e ofereci meu produto. Como essas escolas quase não eram visitadas pelos grandes desenvolvedores de sistemas de ensino, eu e minha equipe de vendas conseguíamos contato direto com os gestores e/ou proprietários, mostrávamos a qualidade de nosso material, como ele voltava-se às necessidades daquelas pequenas instituições, e realizávamos nossas vendas.

Deste modo, novamente ofertando um serviço a uma faixa de clientes ignorada, conquistei um grande mercado em diferentes regiões do Rio de Janeiro. Posteriormente, com um mercado já consolidado e com o crescimento dos recursos financeiros, pude desenvolver um material voltado a escolas com mais de 500 alunos e competir também nesse mercado.

Quarto Atrator:
CONSTRUÇÃO DE ZONAS DE CONFORTO
Como proceder?

- Procure dar atenção aos estudantes mais carentes, aos estudantes "negligenciados" pelos demais professores; eles são seu oceano azul;

- Procure alternativas antes de investir nas zonas de ampla competição;

- Lembre-se: não são apenas os maiores mercados que podem propiciar bons lucros.

Por fim, ainda no mercado de sistemas de ensino, compreendi que as grandes editoras não possuíam pontos de venda em todos os estados e regiões do Brasil e dependiam dos distribuidores para atender toda sua demanda. Quando começamos a vivenciar esta última crise financeira, observei que as grandes editoras, para manter os lucros, começaram a retirar parcelas do desconto que ofereciam aos distribuidores, o que gerou dificuldades financeiras às empresas que trabalhavam na área de distribuição. O que eu fiz? Procurei esses distribuidores que tiveram seus lucros reduzidos e falei: "Vocês estão sem produto, porque já não há viabilidade econômica para continuar a distribuir os sistemas de ensino das grandes editoras, mas têm um mercado. Eu tenho um produto, meu próprio sistema, mas não tenho um mercado. Qual seria o desconto adequado para que vocês começassem a distribuir o meu sistema de ensino?". Eles pediram um desconto "x", e eu ofereci um desconto um pouco maior por um contrato de 5 anos. Assim, quadrupliquei o número de estados em que me encontrava e, por essa manobra, cheguei a mais de 100.000 alunos atendidos pelo meu sistema de ensino.

Enfim, amigo leitor, eu estava novamente batendo na porta das pessoas que estavam sendo negligenciadas pelos meus concorrentes. No âmbito da conquista, é muito importante que você compreenda que quando todos estão com o foco no mesmo lugar, estamos diante de uma zona de alta competitividade. Quando não houver alternativas, vá competir lá também. Agora, caso existam outras possibilidades, volte seus esforços para essas áreas pouco exploradas e verá que os resultados serão praticamente imediatos.

Vamos voltar para a sala de aula. Como vimos, a maioria dos docentes procura conquistar os melhores alunos primeiro, gerando uma zona de alta competitividade. No entanto, aqueles estudantes com problemas de comportamento ou de aprendizado são negligenciados. Assim, querido leitor, meu conselho é: volte sua atenção a esses estudantes e procure conquistá-los, eles são o seu oceano azul. Você verá que com poucos esforços terá conquistado uma parcela de estudantes que o auxiliará na conquista do resto da turma.

CAPÍTULO 5

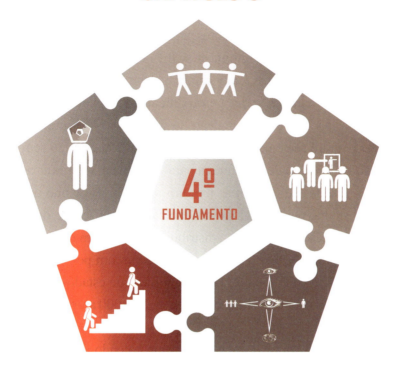

AUTOAPERFEIÇOAMENTO
APERFEIÇOANDO-SE PARA CONQUISTAR

"Conhecer os outros é inteligência, conhecer-se a si próprio é verdadeira sabedoria."

Lao-Tsé

AUTOAPERFEIÇOAMENTO

O quarto fundamento da conquista, amigo leitor, é o autoaperfeiçoamento. Para a conquista, **necessitamos do esforço diário na busca pelo conhecimento, ponderação e transformação não apenas dos procedimentos, dos processos, das estratégias e das práticas que executamos em nossas profissões, mas, sobretudo, de nossas próprias emoções e atitudes, daquilo que chamamos nosso jeito de ser.**

Eis o que chamamos de autoaperfeiçoamento: o esforço diário em melhorar a si próprio a fim de tornar-se uma pessoa a cada dia mais capaz de conquistar seus interlocutores e seus objetivos.

Urubatan, o que é preciso fazer para me aperfeiçoar?

Pois bem, querido leitor, o primeiro passo é o autoconhecimento, isto é, procurar compreender aquilo que somos.

O autoconhecimento

Como o leitor deve recordar, a frase "Conhece-te a ti mesmo", inscrita na entrada do templo de Delfos, foi o ponto de partida que Sócrates elegeu para a sua filosofia, para **um pensamento que já não se orienta unicamente pela preocupação com aquilo que é exterior, mas que cuida, sobretudo, do ato de conhecermo-nos e de compreendermos o valor das ações que realizamos com nós mesmos, com os outros e com o mundo.**

Assim, amigo leitor, nosso **<u>primeiro atrator</u> do autoaperfeiçoamento** é o **conhecer-se a si mesmo**; ação para a qual, antes de tudo, é necessário **voltar o olhar para si**.

Por isso, neste momento, propomos um pequeno exercício de autorreflexão que permitirá a compreensão daquilo que somos, de nossas singularidades, da união das características e atributos que nos constituem como seres únicos – nossas crenças, nossas habilidades, nossas competências, nossos defeitos, a importância que atribuímos aos nossos relacionamentos, nossos bens materiais e imateriais etc.

Primeiro Atrator:
CONHECER-SE A SI MESMO
Como proceder?

- Nunca esqueça: para conquistar o próximo é preciso, primeiro, conquistar a si mesmo, isto é, conhecer-se, admirar-se e transformar-se constantemente;

- Sempre se lembre de como você é importante para a vida das pessoas que você ama e de como elas são importantes na sua vida;

- Busque saber o que as outras pessoas pensam de você e reflita com humildade sobre os defeitos apontados: será que eles têm razão? Como posso mudar?

- Reflita sobre suas crenças: quais somam positivamente na relação com os outros e com o mundo? Quais apenas prejudicam esses laços?

- Pergunte-se, amigo leitor, por quais sonhos você realmente está disposto a lutar.

Como já dissemos, tudo que é único também é especial, logo, devemos nos imaginar como uma obra de arte que tem seu valor na sua originalidade e na singularidade da composição, e buscar o que nos torna diferentes. Tais particularidades, quando positivas, conquistam a admiração, a confiança, o comprometimento e o apoio de nossos interlocutores; porém, quando negativas, nos afastam de nossos objetivos e sonhos.

Neste sentido, amigo leitor, nossa <u>**sexta lei da conquista**</u> é: **para conquistar o próximo é preciso primeiramente conquistar a si mesmo**; isto é, conhecer-se, admirar-se e transformar-se constantemente. Para estas duas primeiras ações, "conhecer-se" e "admirar-se", propomos um trajeto de autoconhecimento que inicia no pensamento de Arthur Schopenhauer, na divisão proposta pelo filósofo alemão das dimensões que constituem nossa vida.

A partir do pensamento de Schopenhauer, podemos dizer que os "bens" que possuímos na vida podem ser divididos em três categorias:

<u>**Aquilo que se é**</u>: nossa personalidade no sentido mais amplo do termo – o temperamento, as crenças éticas, morais e religiosas, a inteligência, a instrução formal, as competências, as características físicas, as virtudes, os defeitos, etc.

<u>**Aquilo que se tem**</u>: as propriedades e as posses materiais (casa, carro, apartamento, computador, livros etc.) e imateriais (relacionamentos familiares, afetivos, profissionais etc.) que adquirimos em nossas vidas.

<u>**Aquilo que se representa**</u>: o entendimento que os outros apresentam sobre nós, sobre nossa ética (a correção de nosso caráter), sobre nossa posição social (o que somos e representamos na sociedade) e sobre nossa fama (o conhecimento sobre nossas ações anteriores que permite prever qual será nossa conduta futura).

1ª categoria: "Aquilo que se é"

Esta categoria, que se refere aquilo que somos, é a dimensão de nossa vida sobre a qual exercemos maior autonomia. **Ser ou não ser, sentir ou não sentir, acreditar ou não acreditar depende, sobretudo, dos ideais, dos valores e dos sentimentos que cultivamos em nossas vidas, embora, por vezes, não tenhamos a consciência do que estamos fazendo.**

Deste modo, caro leitor, pense sobre:

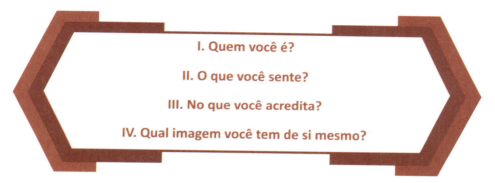

I. Quem você é?
II. O que você sente?
III. No que você acredita?
IV. Qual imagem você tem de si mesmo?

I. "Quem você é?"

João, Maria, Urubatan, Débora, Dudu, Vivi, filho de José, pai de Tiago, amigo de Ana, esposo de Joana. Em outras palavras, qual é meu nome? Quem é minha família? Quem são meus amigos? Quem eu escolhi para ter ao meu lado?

Não estamos sós no mundo. Há pessoas que gostam de nós, pessoas que dependem de nós, pessoas das quais dependemos. **Se para conquistar o próximo é preciso primeiro conquistar a si mesmo; conquistar a si é, antes de tudo, compreender o papel e a importância que exercemos na vida das outras pessoas, assim como perceber como essas pessoas são importantes para nossa vida**.

II. "O que você sente (sendo quem é)?"

Você, que tem um nome, que tem um relacionamento com alguém, que é pai, mãe, filho ou filha, que tem sua família, que tem seus amigos e que é importante na vida de tantas pessoas que são importantes para você.

Quais são as relações pessoais que você considera fundamentais para a sua vida? O que você sente sendo quem é? Felicidade pela família e amigos que possui? Amor àqueles com quem convive? Responsabilidade pelas pessoas que precisam e confiam em você?

Glosando as belas palavras do poeta inglês John Donne, nenhum homem é uma ilha isolada, cada um de nós é uma parte do mundo e, sendo assim, como um seixo arrastado pelo mar deixa o continente menor, também a nossa ausência diminui o lar de nossa família, a casa de nossos amigos e o local de nosso trabalho.

Por isso, amigo leitor, reflita sobre o lugar que você ocupa neste mundo, sobre a importância e a responsabilidade de ser alguém único e especial, alguém que a cada ausência torna menor a vida daqueles que lhe são próximos e responda: "O que você sente (sendo quem é)?".

III. "No que você acredita?"

Qual a fé que você professa (religiosa ou não)? Quais são os valores éticos e morais nos quais você acredita? Enfim, qual é o conjunto das crenças que determinam o modo como você se relaciona consigo mesmo, com o próximo e com o mundo?

Aquilo em que acreditamos também é parte daquilo que somos. Nossas ações e comportamentos são reflexos daquilo em que aprendemos a acreditar. Pense no que você acredita e, principalmente, reflita sobre quais as crenças que somam positivamente em sua vida, na relação com os outros e com o mundo, e quais apenas prejudicam esses laços.

IV. "Qual imagem você tem de si mesmo?"

"Uma pessoa boa?", "Alguém inteligente?", "Um chefe familiar responsável?", "Um profissional dedicado?", "Quais são os seus melhores atributos?", "No que você é mais competente?", "Quais são os seus maiores defeitos?", "Quais suas maiores dificuldades?". Enfim, qual imagem você tem de si?

A imagem que você possui de si mesmo, ou seja, a sua **identidade**, é **um processo contínuo de construção da qual fazem parte a percepção que os outros possuem e expõem de você** (se falarem reiteradamente a Ricardo que ele perde a paciência fácil, Ricardo começará a se irritar com mais naturalidade e a justificar esse traço negativo com frases como "eu sou assim mesmo", "não levo desaforo para casa" etc.) **e a imagem que você expõe aos seus interlocutores de si** (como Ricardo não procura controlar as próprias emoções, seus interlocutores compreenderão que ele é uma pessoa de "difícil trato", característica que Ricardo incorporará a si como natural e de difícil mudança).

2ª categoria: "Aquilo que se tem"

Como sabemos, nossas propriedades e posses (sejam materiais ou imateriais) são uma dimensão daquilo que somos; no entanto, sobre elas, nossa autonomia é reduzida. Isto é, possuir ou não possuir, ter, não ter ou deixar de ter dependem de variáveis que vão além de nossa vontade e, por vezes, de nossos esforços.

Deste modo, amigo leitor, vamos refletir:

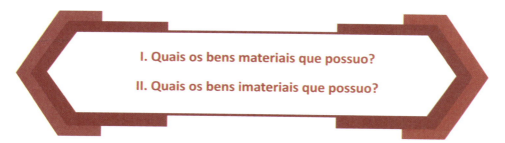

I. Quais os bens materiais que possuo?

Veículos? Casas? Celulares? Conquistas? Adquirimos ao longo de nossa vida um conjunto de "propriedades" materiais que também fazem parte do que somos. Quando falamos de "sucesso profissional", por exemplo, nos referimos a esses bens.

Assim, embora saibamos que os bens materiais são secundários, **a reflexão sobre essas conquistas e sobre os esforços que empreendemos para alcançá-las nos faz entender como nossa trajetória é marcada pelo esforço e pela superação pessoal**. Tal reflexão também nos auxilia a compreender que os esforços que realizamos no passado permitiram que nos encontrássemos, hoje, aqui.

Esforçar-se, superar-se, acreditar em si e conquistar são ensinamentos que, como educadores, devemos transmitir a nossos educandos. Provavelmente, o amigo leitor deve lembrar-se com grande prazer do momento em que adquiriu uma casa, um carro, um celular etc., e considerar tais conquistas, em maior ou menor grau, importantes para sua vida. Pois bem, querido leitor, saber expor com sabedoria tais sentimentos – sem a soberba pelo que se possui, mas com orgulho dos esforços recompensados – ensina a nossos educandos a importância do comprometimento com as atividades propostas e com os objetivos traçados.

II. Quais os bens imateriais que possuo?

Filhos? Amigos? Alunos interessados? Geralmente, associamos a conquista somente aos bens materiais (um carro novo, uma casa bonita, um celular de última geração) e, por vezes, descuidamos ou não atribuímos a mesma importância e cuidado às conquistas imateriais que fazem parte de nossa vida. **Querido leitor, um grande amigo, o amor de alguém, o comprometimento de um aluno ou o carinho de um familiar são os bens mais caros que podemos ter em nossas vidas.**

Como já conversamos anteriormente, a educação que desejamos é uma educação capaz de promover uma formação ética, cidadã e participativa a nossos estudantes. E como também vimos, tal educação perpassa obrigatoriamente pela noção de igualdade e pelo valor que atribuímos ao nosso próximo. Desse modo, **o carinho, a dedicação, a consideração, o bem-querer e o respeito que demonstramos ter por nossos familiares, amigos e colegas de trabalho também são fundamentais para a construção do futuro que desejamos a nossos educandos.**

3ª categoria: "Aquilo que se representa"

Como já conversamos, amigo leitor, em cada cenário que atuamos apresentamos uma imagem a nossos interlocutores. A partir desta imagem, nossos interlocutores vão estabelecer um "conceito" sobre nós e, ao mesmo tempo, começaremos a agir de acordo com este conceito estabelecido por nossos interlocutores.

Sobre esta dimensão, aquilo que representamos ser, podemos exercer uma grande autonomia, desde que consigamos compreender a percepção que os interlocutores possuem de nós, visualizar como reagimos a ela, aprender a transformá-la quando negativa e reforçar quando positiva.

Por isso, amigo leitor, é fundamental refletirmos sobre:

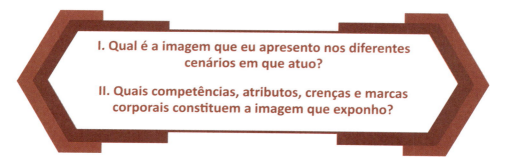

I. Qual é a imagem que eu apresento nos diferentes cenários em que atuo?

II. Quais competências, atributos, crenças e marcas corporais constituem a imagem que exponho?

I. Qual é a imagem que eu apresento nos diferentes cenários em que atuo?

Professor? Diretor? *Coach*? Chefe familiar? Bom amigo? Querido leitor, atuamos em diferentes cenários todos os dias – em nossa casa, nas instituições de ensino, em nossos círculos de amizade etc. Como as pessoas o reconhecem nesses diferentes lugares? Um profissional comprometido? Alguém preocupado com seus interlocutores? Uma pessoa de fácil convivência? Alguém que busca desenvolver as competências e habilidades essenciais para o convívio pessoal e profissional, como também para a conquista de seus objetivos? Uma pessoa em quem o interlocutor pode depositar sua confiança?

As características e valores que os conquistandos buscam nas pessoas com as quais se relacionam e pretendem compartilhar seus objetivos são a conduta ética, a confiabilidade, o compromisso com o grupo, a capacidade de gestão, entre outras. Desta forma, querido leitor, devemos cuidar para que se destaquem em nossa imagem os atributos, competências e valores que identificamos como os desejados por nossos interlocutores.

II. Quais competências, atributos, crenças e marcas corporais constituem a imagem que exponho?

Pense em como você se encontra agora. Não no momento em que você lê este livro, mas como você se encontra e se apresenta nos diferentes cenários em que atua cotidianamente? Quais competências e atributos você procura destacar (responsabilidade, resiliência, comprometimento, senso de justiça etc.)? Quais as crenças pessoais que você expõe (religiosas, filosóficas, pedagógicas, éticas etc.)? Quais são as marcas corporais que você torna visíveis a seus interlocutores (cabelos, barba, roupas, brincos, pulseiras, tatuagens etc.)?

Em outras palavras, amigo leitor, que mensagem sua imagem transmite? Há harmonia entre esta mensagem e os objetivos que pretende alcançar? Como já conversamos, construir uma imagem não verdadeira de si para conquistar alguém é um erro, pois as conquistas duradouras somente são possíveis pela via da verdade. No entanto, a reflexão sobre a imagem que transmitimos é fundamental para conhecer a si e para buscar o autoaperfeiçoamento, como veremos adiante.

Agora, amigo leitor, para expandir a proposta de autoconhecimento de Schopenhauer, permita-me acrescentar uma quarta categoria: "**Aquilo com que se sonha**".

4ª categoria: "Aquilo com que se sonha"

Como vimos, exercemos grande autonomia sobre "aquilo que se é" e "aquilo que se representa", e uma autonomia menor sobre "aquilo que se tem". Conforme o amigo leitor deve imaginar, nossa autonomia sobre "aquilo que sonhamos" também pode ser reduzida por diferentes fatores (físicos, econômicos, sociais, culturais etc.).

No entanto, como já dissemos, para que um sonho se torne uma conquista, precisamos contar com a aproximação, a motivação e o comprometimento de nossos interlocutores com nossos objetivos. Em outras palavras, **antes da conquista de nosso sonho pessoal, devemos aprender a conquistar as pessoas que poderão nos auxiliar a realizar esse sonho.**

Por isso, é importante pensarmos sobre a dimensão daquilo que sonhamos para, antes de tudo, compreendermos quais dos nossos sonhos realmente desejamos transformar em projetos; isto é, para quais sonhos estamos realmente dispostos a empreender o esforço necessário para sua realização.

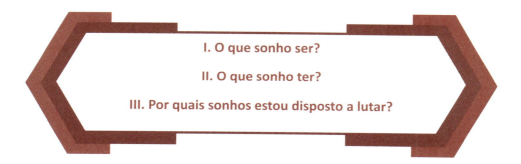

Assim, amigo leitor, vamos refletir sobre:

I. O que sonho ser?

Quem você gostaria de ser? Como você gostaria de ser reconhecido na sua vida profissional e pessoal? Quais características você gostaria de acrescentar à sua personalidade? Quais atributos de sua personalidade você gostaria de aperfeiçoar? Quais defeitos você gostaria de superar?

II. O que sonho ter?

Quais bens materiais você quer conquistar? Quais bens imateriais você quer conquistar? Quais competências e habilidades você gostaria de aperfeiçoar ou de acrescentar à sua vida pessoal e profissional?

III. Por quais sonhos estou disposto a lutar?

Provavelmente, o leitor deve conhecer a história de *Alice no País das Maravilhas*. Em uma célebre passagem desta obra de Lewis Carroll, Alice pergunta a um gato para onde vai determinado caminho. O gato, antes de responder, pergunta à garota: "Para onde você quer ir?". Alice responde não saber para onde quer ir, e o gato, sabiamente, lhe diz: "Para quem não sabe aonde vai, qualquer caminho serve".

Amigo leitor, dos sonhos que você mencionou acima, por quais você está disposto a lutar? O que você realmente deseja como profissional, como educador, como pai ou mãe de família, como filha ou filho, como amigo ou amiga, como marido ou esposa? Pense em todas as relações pessoais e profissionais, em todas as pessoas que você deseja conquistar, em todas as realizações materiais que você pretende alcançar e responda: para onde você quer realmente ir?

Posteriormente a todas essas reflexões que proponho a você, amigo leitor, encontramo-nos com o próximo passo do autoaperfeiçoamento, o cuidado de si.

Cuidando de si

Se, como vimos, é necessário conhecer-se para autoaperfeiçoar-se, agora, devemos voltar nosso olhar **ao <u>cuidado de si</u>, ao conjunto de ações e de comportamentos que vão possibilitar o aperfeiçoamento pessoal e, consequentemente, a conquista de nossos objetivos.**

Sócrates, em sua defesa contra a injusta pena de morte a que o destinavam, disse:

"Meu caro, tu, um ateniense, da cidade mais importante e mais reputada por sua cultura e poderio, não te envergonhas de cuidares de adquirir o máximo de riquezas, fama e honrarias, e não te importares nem cogitares da razão, da verdade e de melhorar quanto mais a tua alma?"

O filósofo francês Michel Foucault, ao destacar esta parte do discurso socrático, observa nessas palavras a apologia ao cuidado de si que, neste livro, amigo leitor, compreenderemos como **o ofício de não negligenciar a si mesmo, de não se ocupar somente com aquilo que é exterior, de voltar esforços para o aperfeiçoamento de nossa espiritualidade, de nosso trato com o próximo, dos atributos e competências que nos distinguem positivamente, de buscar vencer nossas dificuldades, superar nossas fraquezas e corrigir nossos defeitos.**

Pois bem, o conjunto dessas transformações que iremos perseguir implica uma mudança no nosso modo de ver, de compreender e de interagir com aquilo que nos cerca, sobretudo, em três dimensões:

a) no modo de estar e compreender-se no mundo;

b) na maneira de praticar as ações que nos são atribuídas;

c) na forma como estabelecemos nossas relações com o próximo.

Vejamos a primeira dimensão, "**o modo de estar e compreender-se no mundo**". Como conversamos anteriormente, a conscientização da interdependência entre os membros do grupo possibilita o desejo de cooperar e, consequentemente, rompe com a lógica individualista da competição. Em outras palavras, **o sentimento de pertencer a um corpo deve orientar nossa forma de estar e compreender-se no mundo**.

Urubatan, mas como eu transformo este conhecimento em autoaperfeiçoamento?

Pois bem, agora, vamos adentrar a dimensão prática do "cuidado de si" e conhecer nosso **segundo atrator** do fundamento do autoaperfeiçoamento: **o exercício das virtudes.**

Amigo leitor, todos temos certa percepção das competências que melhor desempenhamos e dos atributos que mais se destacam em nossa personalidade. Em outras palavras, uma percepção daquilo em que somos melhores. O atrator "exercício das virtudes" volta-se justamente a essa dimensão de nossas expertises, pois há dois distratores comuns quando falamos de nossas maiores competências e atributos:

a) não conseguir perceber as competências e atributos que meus interlocutores admiram em mim;

b) perceber tais competências e atributos, mas cair no erro de acreditar que já sou "bom o bastante", que não necessito me aperfeiçoar, que já sou o melhor.

Só podemos melhorar uma competência ou um atributo se os identificamos como algo que pode ser aperfeiçoado. **Não prestar atenção àquilo que admiram em mim ou acreditar que já cheguei ao limite da competência possível são dois distratores que paralisam o exercício da superação**.

Eficácia, sabedoria para agir, coragem, paciência, força, determinação, solidariedade, companheirismo, integridade: qual seu ponto forte? Quais dessas virtudes favorecem as suas conquistas? Quais dessas virtudes cativam a atenção e promovem a proximidade, união, segurança e confiança de interlocutores?

Ao buscar "conhecer-se a si mesmo", já refletimos sobre quais são as competências e atributos que nossos interlocutores mais admiram. **Agora é o momento de investir nesses "pontos fortes" de nossa personalidade, de aperfeiçoar o melhor de nós. Isso mesmo, querido leitor, esse é o momento de investir em você**.

Como todos sabemos, hoje, mais do que nunca, o nosso bom desempenho profissional está vinculado à constante renovação e aperfeiçoamento tanto de nossos saberes quanto de nossas capacidades de nos relacionar com os demais.

Investir em si, às vezes, pode demandar dinheiro (realizar um curso, fazer uma pós-graduação, comprar livros etc.), outras vezes, pode demandar somente tempo (um curso *online* gratuito, ler livros emprestados de um amigo, dedicar mais tempo aos meus relacionamentos familiares e a meus amigos etc.); mas, sobretudo, **investir em si exige a superação da inércia e a saída de nossa zona de conforto**.

No entanto, além do "autoinvestimento", como bem destaca Max Gehringer, é necessário o marketing pessoal, ou, como também podemos chamar, o atrator **"fazer-se perceber positivamente"** que abordamos anteriormente.

Ser visto, ser admirado, ser "comprado" – estas três ações, quando relacionadas a um modo de estar e compreender-se no mundo como parte de um corpo, são peças-chave para a conquista. Por isso, além de identificar e investir naquelas virtudes imprescindíveis para a construção de laços cooperativos que mais se destacam em nós mesmos (agir ético, visão holística, liderança, espírito de corpo, autogerenciamento das emoções etc.), necessitamos da sabedoria de expor aos interlocutores essas nossas expertises.

AUTOAPERFEIÇOAMENTO

Segundo Atrator:
O EXERCÍCIO DAS VIRTUDES
Como proceder?

- Lembre-se, amigo leitor: nunca seremos bons o suficiente, sempre poderemos melhorar;

- Invista em seus pontos fortes;

- Saia de sua zona de conforto, busque sempre por mais, seus esforços serão recompensados;

- Seja visto, seja admirado, seja comprado.

O **terceiro atrator** do fundamento do autoaperfeiçoamento é **o superar das limitações.**

Se, como acabamos de ver, sempre se destacam certas competências e atributos em nossa personalidade, também é verdade que existem certas limitações em cada um de nós. Geralmente, tais limitações são visíveis aos nossos interlocutores, mas dificilmente conseguimos percebê-las, pois é muito mais fácil ouvirmos nossas qualidades do que aceitarmos a existência de pontos negativos em nossa personalidade.

Por exemplo, certamente, o amigo leitor já recebeu muitos elogios e se identificou com o que as pessoas diziam, isto é, concordou com a característica que destacavam – integridade, confiabilidade, determinação, compromisso, companheirismo etc. No entanto, quando recebemos uma crítica ou quando alguém nos conta que fomos criticados por outra pessoa, dificilmente conseguimos reconhecer o defeito apontado e aceitar qualquer limitação ou fraqueza em nossa personalidade. Ao contrário, com frequência, nossa primeira reação é automaticamente justificar a conduta ou a característica negativa narrada.

Em poucas palavras, amigo leitor, quando tratamos de nossas limitações, enfrentamos três distratores muito comuns ao autoaperfeiçoamento:

a) perceber (ou ouvir de outras pessoas) as próprias imperfeições – perceber a existência de uma característica negativa em nossa personalidade é sempre uma experiência dolorosa; mais dolorosa ainda é a experiência de ouvirmos de outra pessoa que possuímos tal característica. No entanto, só é possível o autoaperfeiçoamento quando estivermos atentos e abertos tanto aos elogios quanto às críticas que direcionam a nós;

b) justificar sem refletir – nossa primeira reação a tudo que consideramos como crítica é justificar-nos imediatamente. Imagine que alguém diga que você foi rude em determinado momento; sua primeira reação será dizer que não havia como agir de outra forma, que "fulano de tal" provocou a discussão, que você é assim mesmo etc. Enfim, tais justificativas, sendo ou não justas, nos afastam de uma verdade simples: poderíamos ter agido de outra forma. Por isso, **antes de nos justificarmos, devemos refletir sobre como tornar nossas ações e comportamentos condizentes com os objetivos que desejamos alcançar, admitir quando erramos e nos esforçar para não repetir a mesma conduta**. Pense bem, por mais que você esteja certo em uma discussão, "perder a paciência" não é um comportamento que nossos conquistandos desejam ver em alguém que depositaram o futuro do grupo;

c) naturalizar um comportamento como decorrência natural de uma característica – a justificativa, na maioria das vezes, não visa a mudança de comportamento, mas apenas amenizar as consequências indesejadas. **Lidamos muito bem com os sintomas de nossas limitações, mas dificilmente chegamos à sua causa e, consequentemente, acabamos repetindo o mesmo erro diversas vezes.** Por exemplo, vamos imaginar que você se descreva como uma pessoa nervosa, que perde facilmente a paciência, que não leva desaforo para casa etc. Pois bem, um maior ou menor "nível" de irritabilidade geralmente é uma característica que levamos durante toda a nossa vida, existem pessoas que se irritam mais facilmente e outras que dificilmente se irritam; no entanto, os comportamentos negativos que decorrem dessa característica não são naturais, mas, sim, fruto de um mau gerenciamento de nossas emoções – irritar-se com mais facilidade que outras pessoas é diferente de ser agressivo com alguém. Lembrem-se, nossos conquistandos admiram e procuram vincular-se a pessoas que sabem administrar as próprias emoções.

Assim, amigo leitor, vamos refletir sobre mais três perguntas:

> **I. Quais suas limitações?**
>
> **II. Como você lida com suas limitações?**
>
> **III. Quando você transforma suas características em justificativas para comportamentos indesejados ou inadequados?**

Pois bem, vamos começar com a "limitação" que ouço com maior frequência como resposta para a primeira destas perguntas: a timidez.

Vamos supor que você tenha me dito que é uma pessoa tímida (o que não é uma limitação em si). Ao refletir sobre a segunda questão, talvez você espere que no final deste exercício eu conte um segredo infalível para superar a timidez, um método capaz de torná-lo alguém tão desinibido e expansivo quanto aquela pessoa que você conhece e está imaginando como exemplo de extroversão agora. No entanto, o que vou fazer é justamente o contrário.

Estudos comprovam que a partir do sétimo mês de gestação, conforme reações apresentadas a sons e a outros estímulos, pode-se prever se a criança será mais expansiva ou mais retraída nas relações que estabelecerá com os outros depois do nascimento, característica que, em certa medida, permanece semelhante no decorrer de toda a vida.

Em outras palavras, alguém tímido sempre apresentará traços de inibição na relação com os outros; no entanto, **a timidez é uma característica e não uma limitação**. Barack Obama, ex-presidente dos Estados Unidos, por exemplo, é evidentemente uma pessoa tímida, o que não lhe impediu de chegar ao mais alto posto político em seu país. A timidez de Ayrton Senna, nosso maior piloto de Fórmula 1, era evidente durante as entrevistas; no entanto, quando observamos seu desempenho nas pistas, podemos concluir que essa característica não impediu em nada o desenvolvimento de seu talento.

Mas o que é uma limitação, Urubatan?

Querido leitor, **limitação é uma forma equivocada de lidar com as próprias características**. Vamos pensar em nossa terceira pergunta:

Quando você transforma suas características em justificativas para comportamentos indesejados ou inadequados?

Pois bem, se você é uma pessoa tímida e espera por um segredo que o possibilite transformar-se em uma pessoa desinibida, você está transformando uma característica pessoal em uma limitação e, possivelmente, utilizando a timidez como justificativa para comportamentos que são indesejados para você, por exemplo, não ir conversar com aquela pessoa por quem você sente certa atração, não ir à sala do chefe pedir um aumento etc.

O que acontece é que você está investindo em si, mas não o faz da maneira correta. Você está investindo na crença (não verdadeira) de que a timidez o impossibilita de falar com a pessoa que lhe atrai, e deixando de investir na mudança de comportamento (que independe da timidez) de ir até essa pessoa e começar um diálogo.

Outro exemplo simples sobre a importância de focar nas mudanças comportamentais é quando nos propomos uma dieta.

Como acontece? Geralmente, domingo à noite, depois de um fim de semana sem se preocupar com restrições alimentares, dizemos: "A partir de segunda estou de dieta, vou comer só...".

Como acaba? Possivelmente, na mesma segunda em que iniciamos a dieta, quando abrimos a geladeira e vemos um resto de um doce ou de outra daquelas delícias que comemos no domingo.

Como justificamos? "Não tenho tempo para preparar a comida", "Fazer dieta é muito caro", "Sou uma pessoa ansiosa e preciso estar mastigando algo a todo o tempo", "Não consigo ter uma alimentação saudável porque o resto da família não se preocupa com a alimentação" etc.

"Persiste em ler, exortar e ensinar até que eu vá."
1 Timóteo 4

Portanto, amigo leitor, independentemente da veracidade ou não dessas justificativas, devemos observar que **estamos investindo nosso tempo em explicar e defender uma ação indesejada para nós (no caso, cometer um excesso alimentar), em vez de investir nosso tempo na compreensão e transformação dos comportamentos que nos levaram a realizar tal ação.** Por exemplo, se tenho o hábito de ir ao supermercado e comprar vários litros de refrigerante, por mais que saiba dos malefícios desta bebida à saúde, dificilmente vou trocar a praticidade de abrir um refrigerante pelo ato de fazer um suco natural de frutas; no entanto, se não tiver refrigerantes em casa, posso "obrigar-me" a fazer o suco de frutas e, com o tempo, tornar esta ação um novo hábito (muito mais saudável). Ou seja, **todo comportamento inadequado ou indesejado é resultado de uma série de outros comportamentos prévios que podem ser facilmente evitados.**

AUTOAPERFEIÇOAMENTO

**Terceiro Atrator:
O SUPERAR DAS LIMITAÇÕES
Como proceder?**

- Busque identificar (saiba ouvir) os comportamentos que seus interlocutores consideram inadequados;

- Não invista tempo e esforços justificando esses comportamentos, invista seus esforços em mudá-los;

- Não utilize uma característica pessoal como justificativa para comportamentos que atrapalham suas relações interpessoais; não se apoie na frase "eu sou assim mesmo". Ninguém nasceu pronto, amigo leitor, e ninguém está terminado, a mudança é constante em nossa vida. Busque a mudança;

- Tente localizar os "pré-comportamentos" que dão origem aos comportamentos inadequados, eles são mais fáceis de mudar. Por exemplo, passar muito tempo sem comer e não planejar suas refeições podem ser pré-comportamentos que o conduzem a alimentar-se de forma não saudável;

- Não confunda uma característica com uma limitação – ser uma pessoa que se irrita facilmente é uma característica que pode ser controlada com um pouco de esforço, e não é uma limitação que o impossibilite de exercer alguma espécie de atividade.

Já nosso próximo atrator do autoaperfeiçoamento, insere-se na dimensão da **"maneira de praticar as ações que nos são atribuídas"**.

O <u>quarto atrator</u> do autoaperfeiçoamento é **evitar a autossabotagem e a procrastinação.**

Amigo leitor, para qualquer objetivo que traçamos, existem **<u>comportamentos proativos</u>** que buscam transformar positivamente o ambiente e nos levar a nossos objetivos – antecipar-se a dificuldades previsíveis, solucionar problemas, estabelecer metas, objetivos etc., e existem **<u>comportamentos retroativos</u>** que, consciente ou inconscientemente, nos afastam de nossos objetivos, de nosso foco. Por vezes, somos levados a esses comportamentos por medo de assumir grandes responsabilidades, por receio de correr riscos, pelo medo da exposição que uma posição de destaque traz; outras vezes, somos levados a estes comportamentos por subestimarmos nossa capacidade ou, inclusive, por não nos acharmos merecedores do sucesso. Em todos esses casos, quando não conseguimos ter a clara consciência de nosso sentimento em relação à ação que estamos prestes a realizar ou da decisão que estamos prestes a tomar, podemos iniciar um processo que chamamos de **<u>autossabotagem.</u>**

A autossabotagem acontece quando você se torna seu próprio adversário e contribui, consciente ou inconscientemente, para o próprio insucesso. O psicólogo norte-americano Stanley Rosner adverte que um dos maiores perigos da autossabotagem é quando ela tende a se tornar um ciclo do qual não conseguimos sair e, pior ainda, nem nos damos conta do que está acontecendo.

Por exemplo, posso ser uma pessoa que tem medo de estabelecer uma relação afetiva duradoura devido a alguma experiência traumática que vivi ou que observei na vida de meus pais, irmãos, familiares ou amigos (como um relacionamento prejudicial e/ou abusivo). Como este trauma persiste em mim na forma de medo de estabelecer uma relação afetiva duradoura, inconscientemente posso ficar procurando somente aquelas "pessoas erradas", aquelas pessoas com as quais, de certa forma, imagino que não vou construir um relacionamento duradouro (pessoas muito diferentes de mim, alguém que sei que não leva relacionamentos afetivos a sério, uma pessoa já comprometida que deseja apenas uma aventura etc.).

Este é um clássico círculo da autossabotagem. Eu quero me relacionar, mas o medo de vivenciar novamente uma má experiência (ou de vivenciar na pele uma experiência que observei na vida de meus pais, irmãos, familiares ou amigos) leva-me a procurar, inconscientemente, meios de impedir a realização de meus próprios sonhos e desejos. E, do mesmo modo como algumas pessoas temem relacionamentos afetivos duradouros, segundo Stanley Rosner, também podemos temer o sucesso.

Urubatan, é possível ter medo do sucesso?

Certamente, amigo leitor! Como nos ensina Stanley Rosner e outros psicólogos, a autonomia, a independência e o sucesso podem ser apavorantes, principalmente quando nos damos conta de que ter autonomia, ser independente e ser bem-sucedido também significa já não contar com a proteção e a segurança que os pais, os empregadores e/ou os sócios podem representar.

Pense comigo, quantos jovens preferem permanecer no conforto da casa dos pais a enfrentar as dificuldades de morar sozinho? Pois bem, assim como um jovem que tem medo de enfrentar a autonomia e a independência da vida adulta, também nós podemos ter medo de nosso próprio sucesso.

E o que devemos fazer?

Primeiramente, devemos saber que é normal ter medo de assumir responsabilidades, porque assumir responsabilidades significa também correr riscos. Em segundo lugar, devemos compreender que este medo, além de natural, também pode ser benéfico muitas vezes, pois nos leva a avaliar a relação entre os benefícios e os riscos possíveis ao tomar determinada atitude. Ser uma pessoa totalmente destemida não é uma qualidade, pois quem não tem medo se expõe a riscos desnecessários. Em terceiro lugar, é necessário observarmos que, se a cautela é importante para salvaguardar-nos, o excesso de cautela e o receio/medo em demasia pode nos levar a autossabotar as nossas próprias ações.

Ter consciência desses três fatores nos ajuda a compreender nossos sentimentos em relação aos nossos desejos e objetivos, como também avaliar a qualidade das ações que tomamos com o fim de realizá-los.

No entanto, **além da autossabotagem, há outra atitude muito comum que prejudica nossa intenção de agir: a procrastinação ("o deixar para depois")**. Ou seja, o receio ou o medo também podem nos levar à não ação, à prorrogação por tempo indeterminado de uma ação necessária para realizar nossos objetivos. Por exemplo, posso desejar me tornar um professor universitário e, para tal fim, compreender que preciso fazer um mestrado e um doutorado; no entanto, ao invés de sentar na frente do computador e escrever meu pré-projeto de pesquisa para concorrer à vaga no mestrado, posso ficar procrastinando essa ação, encontrando dificuldades ou "coisas que tenho que fazer primeiro" e adiando aquele momento.

Sendo assim, a procrastinação também nasce do receio e do medo. No caso, pode nascer de nosso medo de "começar" novamente uma carreira (professor universitário) ou mesmo do receio de se expor em uma avaliação, acreditando que uma possível reprovação seria vexatória, ou do medo de não ser capaz ou, inclusive, de não se acreditar à altura do sonho buscado – "para mim, já está bom até onde cheguei", "isso não é para mim", "quem sou eu?" são alguns exemplos de pensamentos assim.

Enfim, amigo leitor, **"amanhã", "na próxima semana", "mês que vem", "no ano que vem", "assim que as coisas melhorarem", "depois que tal fato acontecer" e outras expressões de procrastinação devem ser objetos de nossa especial atenção no cuidado de si.**

Procrastinar, obviamente, não é um defeito em si. Deixar para depois pode ser uma sábia escolha quando os riscos são elevados e as responsabilidades demasiadas. **O que devemos evitar a todo custo, no entanto, é o círculo vicioso da procrastinação – esperar a situação ideal (que nunca chegará) e continuar encontrando dificuldades (que nunca faltarão) para agir.**

Outras vezes, entretanto, a procrastinação não é um círculo vicioso, mas somente uma recusa a sair da zona de conforto.

Imagine que você precise ler um livro dificílimo e chatíssimo para uma prova, para um trabalho ou para um processo de seleção. Imagine que você precise ler esse livro ainda hoje. Que ideias vêm naturalmente à sua cabeça?

Possivelmente, a primeira ideia que lhe veio à cabeça foi: "Vou começar depois de...". E qual a razão disso? Procrastinar é uma das formas de nos mantermos em nossa zona de conforto, lugar de estabilidade no qual nos sentimos naturalmente bem; logo, procrastinamos.

Entretanto, a conquista nunca está em nossa zona de conforto. Por isso, pergunte-se constantemente:

Por que estou procrastinando? Por que estou deixando para depois? Há realmente uma causa que impossibilita minha tomada de ação nesse momento? Os riscos são realmente elevados se agir agora? As responsabilidades excedem mesmo minhas capacidades se eu quiser começar hoje? Preciso mesmo deixar para depois, ou posso começar agora?

Assim, vamos abraçar a ideia de que não há conquista sem responsabilidades e riscos, não há conquista sem sair de nossa zona de conforto. Logo, **a autossabotagem e a procrastinação são ameaças constantes para as quais devemos estar sempre atentos.**

Quarto Atrator:
EVITAR A AUTOSSABOTAGEM E A PROCRASTINAÇÃO
Como proceder?

- Reflita sobre suas decisões. Você realmente não pode? Arriscar-se desnecessariamente não é uma atitude sábia. No entanto, cautela em demasia paralisa nossas atitudes;

- Se algo em sua vida está reiteradamente dando errado, cuidado, pode ser um indício de que você está em um círculo da autossabotagem;

- Pare de deixar para depois! Calcule os riscos; se vale a pena, faça agora.

"Quem vive pelo esforço de suas mãos é melhor que aquele que se entrega a uma piedade ociosa."

Talmude

Pois bem, amigo leitor, agora vamos para nossa terceira dimensão do autoaperfeiçoamento: **"a forma como estabelecemos nossas relações com o próximo"**. Nessa dimensão, nosso **<u>quinto atrator</u>** é o **cuidar do próximo.**

Por vezes, em nossa carreira como educadores, a autossabotagem e a procrastinação nos levam a negligenciar nossa formação profissional, deixando a busca de novos conhecimentos sempre para depois e sempre encontrando dificuldades em iniciar nosso aperfeiçoamento, seja uma especialização, um mestrado, um doutorado ou mesmo a simples leitura de um livro.

Nesses momentos, é a lembrança de nossa responsabilidade com o cuidar do próximo que pode nos fazer romper a inércia e sair de nossa zona de conforto em busca do aperfeiçoamento que vai transformar tanto a mim quanto àqueles com quem me relaciono profissional e/ou pessoalmente.

Ainda neste capítulo, refletimos sobre questões como "Quem você é?", "Como você se sente sendo o que é?", "Você sente responsabilidade pelas pessoas que precisam e confiam em você?" etc. Como o querido leitor deve imaginar, essas questões estão estreitamente relacionadas com o cuidar do próximo, principalmente quando nossa missão é ser um educador, isto é, uma pessoa destinada a transformar a vida de seus alunos e, consequentemente, o mundo em que vive.

Além do mais, esse "cuidar do próximo" também é rapidamente percebido e admirado por nossos interlocutores. Com certeza, o amigo leitor deve facilmente se lembrar de seus ex-professores que eram efetivamente comprometidos com a educação e com seus alunos. Também é possível ainda hoje, cultivar uma admiração e um carinho especial por esses professores.

**Quinto Atrator:
CUIDAR DO PRÓXIMO
Como proceder?**

- Invista em sua formação. Lembre-se de que um bom profissional é um profissional bem formado;

- Observe como as pessoas notam e admiram as ações que você faz para aperfeiçoar-se cada vez mais em sua profissão;

- Preocupe-se com o próximo, tente oferecer o melhor serviço possível;

- Não se esqueça do marketing pessoal; mostre às pessoas os investimentos que você faz em seu autoaperfeiçoamento.

O atrator "cuidar do próximo" possibilitará que seus estudantes também desenvolvam essa admiração e esse carinho especial por você; por isso, **o "cuidar do próximo" é também um cuidar de si**.

Ademais, como sabemos, os melhores profissionais investem constantemente no autoaperfeiçoamento, e é por esses investimentos que nós os reconhecemos. Imagine-se com um problema de saúde; qual profissional você deseja encontrar? Com certeza, um médico que, além de sua formação inicial, está constantemente se aperfeiçoando em sua especialidade.

E na área educacional, que professor você agradeceu por ter encontrado em sua formação? Que professor nossos alunos, os pais e responsáveis de nossos alunos e os gestores e mantenedores das instituições educacionais desejam encontrar? Que professor você deseja ser?

Por isso, amigo leitor, a mensagem sucinta que nos deixa este capítulo pode ser resumida em: **invista em você, conheça-se e cuide de si, exercite suas virtudes, supere suas limitações, não se autossabote, não procrastine e lembre-se: cuidar do próximo é também uma forma de cuidar de si.**

CAPÍTULO 6

SABEDORIA
CONDUZINDO A CONQUISTA COM SABEDORIA

"Por sabedoria entendo a arte de tornar a vida o mais agradável e feliz possível."

Arthur Schopenhauer

SABEDORIA

O quinto fundamento da conquista, amigo leitor, é a sabedoria.

Mas o que entendemos por sabedoria?

Se observarmos a etimologia da palavra "sabedoria", veremos que se origina do termo latino "*sapere*", que significa saber, conhecer, sentir o gosto. O terceiro sentido – "sentir o gosto" – curiosamente nos leva a reparar na proximidade etimológica entre a palavra "saber" e a palavra "sabor", vizinhança de sentidos a partir da qual iniciamos nossa conversa sobre este fundamento.

A sabedoria, enquanto saber e sabor, está intimamente enraizada no mundo. Se, por um lado, a palavra "saber" aponta para um conjunto de competências e habilidades cognitivas que desenvolvemos durante a vida, por outro, a palavra sabor nos leva à experimentação da vida, isto é, a vivenciá-la em todas as suas cores, texturas, aromas, gostos, a projetar variados objetivos, a prever diferentes circunstâncias e a criar infinitas possibilidades a partir das experiências vividas.

Certamente, o amigo leitor deve se recordar do célebre mito da caverna, imortalizado no livro *A república,* de Platão. Pois bem, o filósofo grego narra a história de prisioneiros que, desde seu nascimento, permaneciam acorrentados no interior de uma caverna, sendo permitido apenas que olhassem para uma das paredes, iluminada por uma fogueira localizada atrás desses homens, que não podiam ver uns aos outros e nem a realidade do mundo exterior.

Outras pessoas, escondidas entre os homens acorrentados e a fogueira, projetavam, na parede da caverna para a qual os prisioneiros eram obrigados a manter o olhar, a sombra de variados objetos, pequenas estátuas que imitavam o formato de distintos seres, utensílios e instrumentos, com as quais simulavam diferentes acontecimentos da vida ordinária. Assim, o acesso à alteridade que era permitido a esses prisioneiros resumia-se à sombra daquelas estátuas no formato de árvores, animais, utensílios domésticos, armas de guerra, instrumentos agrícolas etc., e à encenação que os projetadores de sombras realizavam com elas. Como o amigo leitor e eu concluímos, tudo que os prisioneiros conheciam era a projeção imperfeita (apenas como sombra) de réplicas da realidade do mundo.

A partir desta narrativa, Platão nos propõe algumas reflexões:

Imagine que um desses homens conseguisse fugir dessa caverna, e fosse revelada aos seus olhos a realidade do mundo, tão rica e diversa das sombras projetadas na caverna; qual seria a reação deste homem?

Possivelmente, no primeiro momento em que saísse da caverna, o desconforto dos olhos acostumados à escuridão e agora ofuscados pela claridade do sol incitaria o desejo de nunca ter saído do lugar onde se encontrava, de retornar à sua zona de conforto, de regressar ao mundo com o qual se habituara durante toda a sua existência.

No entanto, o filósofo continua a indagar:

Vencidas as dificuldades iniciais, desejaria este homem voltar à caverna?

Voltando ele à caverna, seus companheiros de prisão acreditariam nas histórias por ele relatadas? Ou, ao contrário, o considerariam louco e proibiriam a todos a saída da caverna, evitando, assim, que outros companheiros sofressem semelhante desventura?

Como o querido leitor deve recordar de suas aulas de filosofia, Platão, por meio desta intrigante alegoria, simboliza as dificuldades encontradas no caminho para o conhecimento, como também destaca a importância fundamental de superar estas dificuldades e dirigir-se rumo à verdade, independentemente dos sacrifícios necessários, pois somente por meio da verdade é possível a construção de uma sociedade melhor.

Neste capítulo, amigo leitor, gostaríamos de acrescentar ainda outra observação a esta bela alegoria: o trajeto que devemos percorrer para romper a distância entre conhecer (sair da caverna) e convencer (trazer consigo os parentes, amigos e estudantes para fora da caverna), isto é, a distância entre saber e ensinar – nossa missão fundamental como educadores.

Neste caminho, gostaria de iniciar estabelecendo a distinção entre três termos que se relacionam com nossas competências cognitivas: **a inteligência, a erudição e a sabedoria**.

Poderíamos chamar de **inteligência a capacidade de "chegar a saber", ou seja, nossa competência em receber determinadas informações**. Obviamente, o querido leitor deve ter observado, em sua trajetória como educador, que nossos estudantes exibem diferentes maneiras de entender os conteúdos escolares. Ou, mesmo que sua profissão não se relacione diretamente com a educação formal, o leitor também deve ter notado, quando lhe é atribuída a função de ensinar algum conhecimento para alguém, que cada pessoa apresenta um nível diferente de aptidão na aprendizagem de certos temas ou na execução de determinadas tarefas. Enfim, todos nós temos "facilidade" em aprender algumas competências e dificuldades em outras.

A partir desta percepção, o psicólogo Howard Gardner, da Universidade de Harvard, desenvolveu a famosa teoria das *Inteligências múltiplas* na década de 80, na qual, resumindo em poucas palavras, observou que certas pessoas apresentam maior "facilidade" em desenvolver pensamentos lógico-matemáticos (realizar operações com números e fazer deduções lógicas); outras, maior desenvoltura com habilidades linguísticas (aprender idiomas, escrever e expressar-se bem); algumas demonstram uma notável capacidade espacial (interagir e compreender contextos que envolvam dimensionamentos e percepções espaço-visuais); outras, um grande potencial físico-sinestésico (especial capacidade para usar o corpo em esportes, danças, trabalhos manuais etc.); certas pessoas dispunham de grandes habilidades interpessoais (capacidade de compreender as emoções dos interlocutores e interagir adequadamente, com surpreendente habilidade comunicativa e relacional); outras, uma favorável inclinação a competências intrapessoais (compreender os próprios sentimentos, entender as motivações que o levam a sentir diferentes emoções, controlar-se em decisões difíceis); e, por fim, algumas pessoas demonstram uma incrível predisposição musical (aptidão para apreciar, compreender e executar complexos padrões musicais).

Enfim, para não nos determos demasiadamente na teoria de Howard Gardner, o que mais nos importa do belíssimo trabalho do psicólogo norte-americano é sua percepção de que diferentes pessoas apresentam diferentes inteligências, ou seja, **cada indivíduo apresenta variadas potencialidades para "chegar a saber (e executar) " conhecimentos e procedimentos diversos**.

De certa forma, querido leitor, em nossas atividades como educadores, nos deparamos todos os dias com as observações de Howard Gardner e, intuitivamente, mesmo que não conheçamos seu trabalho, já estabelecemos várias estratégias para lidar com essas diferentes potencialidades, pois, conscientemente ou não, sabemos que a inteligência é uma potencialidade que, quando sabiamente exercitada, pode levar à realização bem-sucedida das mais variadas tarefas. E é este o sentido principal que queremos aqui destacar, **a inteligência** é um **potencial a ser exercitado**.

Quanto à _erudição_, por sua vez, poderíamos dizer que é **a nossa capacidade de armazenar conhecimentos**. Com certeza, em sua jornada diária, o querido leitor deve ter conhecido pessoas com uma incrível instrução em determinada área, indivíduos que parecem conhecer tudo sobre aquilo que estudam, sujeitos com os quais poderíamos ficar horas e horas conversando sobre certo assunto e sempre teríamos algo a mais para aprender.

Pois bem, essas pessoas são geralmente aqueles sujeitos que reconhecemos como _experts_ em uma área do conhecimento. Indivíduos que, certamente, investiram muito de seu tempo e de seus recursos (financeiros ou não) na compreensão dos saberes técnicos e científicos relacionados à área de conhecimento na qual se especializaram.

Ainda no campo da erudição, o querido leitor também deve lembrar-se de alguém que possui um vasto e incrível conhecimento sobre diferentes temas, aquela pessoa que parece "saber tudo", que inacreditavelmente sempre tem algo "inteligente" a dizer sobre qualquer assunto. Essas pessoas, normalmente, chamamos de **cultas**, ou seja, indivíduos com uma impressionante capacidade de memorizar e recordar variadas informações sobre diferentes assuntos, como também uma admirável habilidade em relacionar temas que aparentemente não apresentavam uma conexão lógica aos nossos olhos.

Desse modo, no âmbito da erudição, poderíamos dizer que tanto pessoas "cultas" quanto indivíduos "*experts*" em sua área de conhecimento souberam investir e exercitar sabiamente suas potencialidades (inteligência) e obtiveram um reconhecimento público pelos esforços que empreenderam em seu autoaperfeiçoamento.

Poderíamos chamar essas pessoas de sábias, Urubatan?

Não necessariamente, querido leitor.

Todos nós conhecemos pessoas que, mesmo sendo cultas ou *experts*, obtêm um sucesso aquém de suas potencialidades. Porque não souberam direcionar seu foco aos objetivos desejados, ou porque têm dificuldades em se relacionar com seus interlocutores, ou porque são arrogantes e não conseguem conquistar o próximo etc. Enfim, todos nós conhecemos pessoas cultas ou *experts* que não são sábias.

Por isso, podemos dizer que **a sabedoria envolve a capacidade de recebermos as informações (as potencialidades de nossa inteligência), a disposição de investir em nossas potencialidades (o tempo e o dinheiro que aplicamos em nosso autoaperfeiçoamento, no desenvolvimento de nossa erudição) e, sobretudo, a habilidade com que produzimos respostas eficazes aos problemas que se apresentam em nosso dia a dia.**

Em outras palavras, a sabedoria é o que faço com aquilo que sei.

Na área da conquista, como vimos nestes capítulos, a sabedoria está em nossa capacidade de:

- agir por dever, dar bons exemplos e promover valores éticos;
- construir um ambiente favorável à cooperação e compreensão mútua, no qual o sentimento de corpo e a noção de igualdade estejam presentes, e assim engajar meus interlocutores em um projeto coletivo;
- aprender a servir – auxiliar, ajudar e prover o próximo em suas dificuldades;
- saber fazer-se perceber positivamente, usando adequadamente diferentes signos (roupas, gestos, postura, perfumes, maquiagem, organização dos materiais, linguagem verbal etc.), ou seja, estabelecer a harmonia entre a forma como me exponho e o lugar e o público a quem me dirijo;
- compreender a importância de apresentar-se e reapresentar-se, assumindo minhas crenças e respeitando a crença de meu próximo, para que meus interlocutores possam me conhecer e admirar quem sou;
- autogerenciar minhas emoções e promover emoções positivas em meus interlocutores;
- saber alimentar meu corpo e cuidar da minha saúde;
- exercer minhas virtudes, superar minhas limitações, não me autossabotar ou procrastinar (por receio ou medo).

Enfim, como o querido amigo já deve ter concluído, a sabedoria é escolher o atrator correto na hora certa, **ser capaz não apenas de conhecer, mas, sobretudo, de utilizar o conhecimento para resolver da melhor forma possível os impasses e dilemas com os quais nos deparamos, assim como aprender a orientar os conquistandos para juntos alcançarmos os objetivos propostos**.

Como nos ensina o pedagogo espanhol José Antonio Marina, o **olhar inteligente** é aquele que aproveita com extrema eficiência os conhecimentos para a execução de um projeto, ou seja, que consegue direcionar seus saberes a um objetivo. Se o leitor me permite acrescentar um pequeno apontamento à reflexão de José Antonio Marina, posso dizer que **a sabedoria é o olhar inteligente somado ao poder da conquista**.

Mas como podemos reconhecer e interpretar o momento correto de utilizar as informações e os procedimentos que temos aprendido? Como podemos prever e antecipar acontecimentos indesejados? Como aprendemos a projetar corretamente nossas ações para alcançar a conquista de nossos interlocutores e de nossos objetivos?

Pois bem, amigo leitor, os atratores da sabedoria, que veremos nas próximas páginas, são a minha singela resposta a essas perguntas.

Assim, nosso **<u>primeiro atrator</u>** da sabedoria é a **motivação**.

Motivar, querido leitor, é: a) estabelecer um problema; e b) projetar um desejo.

Se voltarmos aos ensinamentos dos neurocientistas Ramon Consenza e Leonor Guerra, veremos que nosso cérebro é uma máquina de resolver problemas. Isto é, ao contrário do que pode imaginar nosso senso comum, nossas funções cognitivas não se desenvolveram com o intuito de acumular conhecimentos (ponto principal da crítica de Paulo Freire à "educação bancária"); mas, sim, foram projetadas para resolver os dilemas e os impasses que se impõem em nossa existência.

Por exemplo, imagine um aborígene; em sua vida no ambiente selvagem da savana africana, nomear diferentes plantas, animais e acidentes geográficos não é uma simples tarefa catalográfica de armazenar e relacionar distintos nomes a diferentes entes; e sim, procurar por uma compreensão de seu ambiente que seja útil à resolução dos diferentes problemas que pode enfrentar diariamente. Não basta, em sua vivência nas savanas, saber chamar de hipopótamo aquele animal de grande porte, com torso semelhante a um barril e dono de uma boca enorme, e memorizar alguns dos hábitos dessa espécie. O que é imprescindível é saber que o hipopótamo é um animal territorialista e, mesmo sendo herbívoro, é extremamente perigoso, e responsável por diversos ataques fatais a seres humanos. Em outras palavras, ao habitante nativo das savanas, o conhecimento sobre o hipopótamo deve responder a um problema – sobreviver em um ambiente selvagem – e, em consequência, servir a um propósito – prevenir-se de um ataque que poderia ser fatal.

Em sala de aula, do mesmo modo, os conhecimentos devem voltar-se à resolução dos problemas que se impõem nas dimensões práticas da vida. Conforme observamos no livro *A Educação está na MODA*, um dos momentos imprescindíveis em nossa prática docente é a contextualização, momento em que, com auxílio do educador, o aluno é reconduzido das abstrações imaginárias que o tema da aula proporcionou à discussão sobre as relações entre tais saberes e os dilemas e impasses políticos, culturais, históricos, sociais, ecológicos e éticos que se constituem em sua vida, seja na circunscrição da comunidade, do bairro ou da cidade, seja no contexto mais amplo do país ou mesmo do planeta.[1]

Por exemplo, mais do que "memorizar" o fenômeno meteorológico das chuvas como integrante dos ciclos das águas, a questão deve ser analisada a partir dos benefícios e efeitos que as chuvas podem acarretar no abastecimento de água do bairro, nas inundações das grandes cidades, nos lucros ou prejuízos oriundos da produção agrícola e, consequentemente, na economia do país, na relação entre o desmatamento e as mudanças climáticas globais etc.

Assim, amigo leitor, apresentamos o conhecimento como um problema a ser resolvido por nossos estudantes, como uma questão para qual a reflexão de cada um é importante, como também as mudanças de atitudes. A esta dinâmica, chamamos estabelecer um problema, ponto crucial na

---

[1] Para ampliar o entendimento desta questão, aconselho-o, amigo leitor, a ler neste momento o breve resumo do protocolo "Abstração e Contextualização" do Método de Organização das Didáticas e Avaliações que pode ser encontrado no último capítulo dessa obra.

motivação dos interlocutores pelos saberes que desejamos ensinar.

O outro lado da motivação que gostaríamos de expor é "projetar um desejo".

Se colocarmos em diálogo os ensinamentos filosóficos de Baruch Espinoza e Friedrich Nietzsche, poderíamos chamar alegria de "a potência da vida", ou seja, a alegria (felicidade) são os momentos que nos impulsionam à ação, à execução prazerosa das tarefas, à agradável busca dos objetivos; e poderíamos chamar o desejo de "a vontade de potência", isto é, o querer fazer aquilo que nos propõem por antever as alegres recompensas de nossas ações.

Portanto, amigo leitor, a alegria e o desejo são partes essenciais da conquista, seja no âmbito educacional, seja nas demais relações que estabelecemos com nossos interlocutores.

Nas práticas educacionais, podemos estabelecer duas diferentes formas de recompensa que promovem a alegria e o desejo de aprender:

◉ A primeira é **desencadeada por razões externas aos objetos de aprendizado**. Em outras palavras, são as promessas não relacionadas aos conteúdos escolares que oferecemos como recompensa pelos esforços que os estudantes empreendem para aprender aquilo que ensinamos. Por exemplo, com frequência, pais, mães ou responsáveis prometem a seus filhos um presente caso consiga um desempenho predeterminado na escola (uma bicicleta, um *video game*, um celular, etc.). Também nós, educadores, ofertamos semelhantes recompensas, tais como uma boa nota (que, por vezes, torna-se o objetivo do estudante no lugar do aprendizado), a expectativa de uma recompensa futura pelos esforços presentes (conseguir uma boa profissão, alcançar uma posição de prestígio na sociedade, obter uma boa remuneração), um prêmio de distinção entre os estudantes (uma estrelinha no caderno, uma menção honrosa em um evento da escola, uma medalha em uma olimpíada ou gincana de conhecimentos etc).

A segunda é **desencadeada por razões internas aos objetos de aprendizado**. Em outras palavras, são as recompensas diretamente vinculadas aos conteúdos de nossa disciplina, ao ato de aprender. Por exemplo, se o leitor ficou curioso em saber mais sobre o porquê de animais aparentemente tão amáveis como os hipopótamos serem perigosíssimos, é fácil de perceber que este é um desejo pelo saber, sem relação com uma recompensa exterior.

Como sabemos, as duas razões são válidas para motivar o aprendizado. Por exemplo, aquele amigo que citei no início do livro, que me pediu, na praia, ajuda para estudar para um concurso, empenhou-se em aprender matemática não pelo amor aos números e aos cálculos, mas porque saber matemática era um dos requisitos para alcançar outro sonho, a aprovação e o ingresso na profissão desejada.

O problema que gostaria de destacar é nossa supervalorização das razões exteriores e o esquecimento das interiores. Aprender matemática para ser aprovado em um concurso não desperta a alegria e o desejo de aprender como um fim em si, mas como um meio para outro fim. Essa sutil diferença aponta para uma importante consequência: quando alcanço o fim, continuar a aprender aquele conteúdo perde o sentido. Para melhor expor esta reflexão, vamos pensar em um dos mais famosos gênios da história da humanidade – Albert Einstein. Com certeza, este sábio homem não se tornou um dos mais renomados físicos que conhecemos por uma razão exterior à sua área de conhecimento, mas, sim, pelo seu amor à física, pelo desejo e alegria de aprender mais e mais daquele saber. Igualmente, podemos concluir que qualquer pessoa com um excepcional conhecimento em sua área de atuação o adquiriu não só por motivações externas, mas pela prazerosa recompensa de aprender.

Por isso, sem se esquecer das razões exteriores, também precisamos voltar nossa atenção a formas de motivar nossos estudantes por meio de razões internas.

Mas como fazer isso, Urubatan?

Com certeza, amigo leitor, você já motiva assim seus alunos, mas ainda não sistematizou essas práticas. E, para dizer mais, provavelmente você está aqui hoje porque foi motivado assim.

Pense comigo, por que você escolheu essa profissão? Certamente, razões econômicas e outras circunstâncias sociais e culturais reduzem nossas opções profissionais. No entanto, caso você seja como eu, um professor de física, por que você escolheu física e não português, história ou filosofia?

Talvez você me responda: porque sempre fui bom em matemática. Resposta perfeita, meu amigo, mas quem lhe disse que você era melhor em física? Exatamente, querido leitor, possivelmente foi um educador que despertou em você o desejo por aprender física. Você foi motivado a gostar de física. Eis a razão interna que o transformou no professor ou professora que hoje lê estas páginas.

Meu professor Licínio insistia diariamente em falar a mim e aos meus amigos de forma carinhosa sobre a importância de ler e como ela poderia transformar nossas vidas. Reflita sobre esse poder que você tem em mãos – ser capaz de influenciar o futuro de seus estudantes. O Luciano que ouviu do professor Fernando que era um bom aluno hoje é o engenheiro Luciano; a Renatinha a quem a professora disse que seria uma excelente advogada hoje é a doutora Renata; o Ricardinho que foi elogiado por uma boa redação hoje é o jornalista Ricardo; o Eduardo cuja apresentação foi elogiada pela professora Marilda, hoje é concursado; Alexandre, sempre elogiado por seu empenho pelos professores, hoje é o delegado Alexandre; o Uruba que o professor Chiquinho dizia ser bom de cálculo hoje é o professor de matemática, física e gestor educacional Edson Urubatan.

Agora, meu amigo educador, como todo grande poder traz grandes responsabilidades, o Ricardinho que ouviu sempre que não sabia escrever dificilmente será o jornalista Ricardo; a Renatinha que era criticada na aula por não saber se expressar possivelmente não será a doutora Renata; o Uruba que diziam ser péssimo em contas provavelmente não será o professor Urubatan.

"Feliz é o homem que acha sabedoria, e o homem que adquire entendimento."

Provérbios 3

Se, até hoje, lembramos os elogios de nossos professores, também é verdade que nos recordamos de momentos em que nos falaram que "não tínhamos jeito para tal coisa" e, por vezes, assumimos aquelas palavras como limitações que nos acompanham por toda a vida.

Urubatan, compreendo a importância de elogiar, mas como "criticar" o desempenho de meu aluno?

Certamente, querido leitor! A crítica é tão importante quanto o elogio como ferramenta motivacional. No entanto, a crítica pode desencadear diferentes sentimentos, pode tanto representar um desafio quanto provocar uma renúncia a certo conteúdo. Por isso, **precisamos compreender a essência da crítica: promover uma mudança de comportamento**.

Vamos imaginar a seguinte situação: Ricardinho (nosso possível futuro jornalista) entregou uma péssima redação, evidentemente feita às pressas e sem nenhuma preocupação. Como educadores, naturalmente nos sentiremos chateados pelo descaso de Ricardinho na realização daquela tarefa que planejamos com tanto cuidado e, como exige nossa profissão, precisamos criticar tal atitude.

Esse momento exige uma profunda ponderação de nossas palavras. Toda crítica deve se circunscrever ao comportamento e não sugerir uma condição. Em outras palavras, "você não sabe escrever" é um comentário que não se limita ao desempenho apresentado naquela atividade, mas, sim, insinua uma incapacidade. Como vimos, nossos estudantes são extremamente sensíveis às nossas sugestões, e algumas palavras podem determinar todo um conjunto de ações futuras. Caso o estudante considere aquela crítica como reflexo de uma condição sua, "não saber, de fato, escrever", a mágoa e o desinteresse pela disciplina serão imediatos.

Deste modo, também a crítica deve estabelecer um problema e projetar um desejo. Palavras como "Ricardinho, eu sei que você sabe escrever. Por que você entregou um trabalho tão malfeito?" circunscrevem nossa avaliação àquela atividade, destacam ao estudante sua competência para fazer melhor e o motivam a surpreender positivamente o professor na próxima redação.

No âmbito de nossas outras relações interpessoais (familiares, amigos, colegas de trabalho), também devemos seguir esse procedimento. No filme *Mr. Holmes*, o famoso ator Ian McKellen interpreta o papel de Sherlock Holmes já velho (93 anos) e com problemas de memória. O senhor Holmes, após presenciar uma discussão entre o pequeno Roger (um menino com o qual havia construído uma bela amizade) e sua mãe, a senhora Munro, repreende-o, dizendo: "Você foi cruel, vá atrás de sua mãe e desculpe-se por dizer coisas que só servem para machucar". Estas palavras do famoso detetive Sherlock Holmes são um dos maiores ensinamentos que podemos praticar em relação às pessoas com as quais nos preocupamos. Em algum momento, as pessoas que amamos nos decepcionam, como também nós as decepcionamos; no entanto, se o que vamos dizer só servir para magoar, melhor não dizer, porque entristecer as pessoas pelas quais temos um carinho especial é justamente o contrário do que desejamos. Assim também é a crítica. Se a crítica apenas servir para diminuir a potência de vida (alegria) de nossos educandos, não critique. Só há sentido em criticar quando apontamos um caminho para o crescimento do estudante.

- Primeiro Atrator:
- MOTIVAÇÃO
- Como proceder?

◉ Estabeleça problemas, projete desejos, torne suas aulas instigantes;

◉ Incentive os estudantes a melhorarem seu desempenho por razões externas, mas não se esqueça de promover a paixão pelo saber. Ninguém se torna excelente em sua área sem amar o que faz;

◉ Elogie em público, critique em particular;

◉ Critique ações, nunca sugira a seus alunos que um comportamento pode refletir uma condição permanente.

Nosso **segundo atrator** da sabedoria é a **liderança**. Até o momento, conversamos sobre a motivação individual dos estudantes. Agora vamos nos voltar à motivação do grupo, um atributo necessário para liderar com sabedoria.

Liderar é cooperar e promover a cooperação. O líder que participa, ensina a participar; o líder que apenas comanda, estimula o individualismo, a competição desleal e a desunião do grupo.

Imagine um gestor que chegue para sua equipe e diga: "Professor João, organize a festa junina. Se precisar de ajuda, peça para outro professor", vire as costas e saia da sala. A primeira reação do professor João, que é um excelente professor de matemática, mas que nunca organizou nenhum evento escolar, é sentir-se desnorteado. Os outros professores, percebendo a responsabilidade da tarefa confiada ao colega, vão se esquivar de assumir juntamente o compromisso, pois assumir um compromisso também é assumir a culpa pelas falhas. Como a relação hierárquica obriga João a executar a tarefa, João vai preparar o evento da melhor forma que conseguir. No entanto, como sozinhos podemos pouco, as falhas vão aparecer, e não faltarão aqueles a apontar o dedo para o culpado.

Agora, imagine outro gestor que, para a mesma equipe, diga: "Pessoal, vamos organizar a festa junina. Professora Maria, você que é excelente em divulgação, nos ajuda a fazer os cartazes? Professor Ricardo, você pode pedir àquele seu conhecido que trabalha na rádio para anunciar a festa? Professora Joana, você nos ajuda ensaiando a quadrilha? Professor João, você faz o orçamento para nós?".

Qual a mensagem deste segundo gestor? **Pertencemos a um mesmo corpo**, temos um objetivo comum e a responsabilidade é de todos, vamos compartilhar os sucessos e refletir sobre os imprevistos para fazer melhor no próximo ano, e eu vou estar aqui para planejarmos juntos cada passo.

Coordenar uma equipe é estar presente, exercer uma liderança participativa e saber construir laços interpessoais positivos entre os membros do grupo, atribuir funções e recompensar esforços.

Em nossa sala de aula, acontece o mesmo. Como Jesus Cristo, o maior dos educadores, nos ensina na parábola dos talentos, não importa o quanto você recebeu, mas o que você fez com o que recebeu pelo bem de seu grupo. Se Wallace e Ricardinho são bons em matemática, vão ajudar a Tati; Ana e Vinicius, que são bons em redação, vão ajudar o Mauro e o Eduardo; Renatinha e Uruba vão ajudá-los na apresentação do trabalho, e todos vão se ajudar em suas dificuldades. Este é mais um dos desdobramentos do **ato de servir,** como também a compreensão de que a força de uma corrente é a força de seu elo mais fraco. Apenas uma educação que abrace esta ideia é capaz de superar todas as consequências do individualismo em nossa sociedade.

Neste mesmo sentido, outra ação essencial que cabe ao bom líder **é promover a alegria pelo sucesso do colega, ensinar a seus educandos que cada vitória, além de um ato individual, é a expressão de uma série de esforços coletivos, de momentos de cooperação e ajuda mútua**. Como dissemos, a conquista nunca é um ato solitário.

Veja que interessante, colega educador, quando um entre onze jogadores faz um gol vestindo a camisa da seleção brasileira, mais de 200 milhões de pessoas (toda a população do país) comemoram e compartilham aquele ato de chutar ou cabecear a bola para o gol e sentem-se mais felizes e realizadas em razão de um evento que dura 90 minutos ou um pouco mais, realizado por homens que talvez nunca vejamos pessoalmente em nossas vidas.

Na escola, lugar em que trabalhamos com educação, algo que dura para toda a vida, uma atividade que engendra saberes que se transmitem aos filhos, netos, bisnetos, trinetos etc., um ofício que realmente pode mudar o futuro do país, Efraim ganha as Olimpíadas de Matemática e só comemoram os pais, o professor de matemática, Efraim e, às vezes, o gestor e sua equipe educacional. Obviamente, amigo leitor, algo deve estar errado.

Sendo assim, o bom líder, ao promover o sentimento de pertencer a um mesmo corpo, também necessita ensinar a compartilhar os sucessos. Todos devem sentir-se parte da conquista de Efraim nas Olimpíadas de Matemática. Além disso, ao estudante premiado pela conquista cabe também ensinar a generosidade na vitória, a compreensão de que, assim como aconteceu no gol da vitória no jogo da seleção, o sucesso de um é consequência das ações realizadas por todos. Efraim também precisa aprender que sem o grupo, sem a ajuda dos colegas e professores, não teria chegado lá.

Mas não são somente as conquistas que precisam ser compartilhadas. A união nos momentos difíceis também fortalece a cooperação e os laços emocionais positivos entre o grupo. Se, como já dissemos, o reconhecimento dos colegas (o abraço, o elogio, a alegria pela conquista, a confraternização da vitória) é o melhor prêmio que um membro da equipe pode receber, na derrota, a última coisa que precisamos são dedos apontados para prováveis culpados.

Por isso, além de promover a alegria pelo sucesso do colega e a generosidade na vitória, **o bom líder também necessita incentivar o assumir coletivo das responsabilidades**, mostrar a seu grupo que não são as culpas individuais que importam, mas a reflexão sobre como os erros podem ser emergencialmente reparados e a ponderação sobre como evitá-los futuramente. Não interessa saber quem colocou o horário errado no convite da festa junina, o que interessa é saber como acertar todos os preparativos para o horário anunciado e como evitar que isso aconteça no próximo ano.

Outra competência fundamental de um bom líder é **saber ouvir**.

A liderança participativa, querido leitor, também compreende saber ouvir quem está à nossa volta. **Ninguém é tão sábio que não tenha nada a aprender ou tão ingênuo que não tenha nada a ensinar**. Nossos estudantes chegam à escola com uma vida toda de conhecimentos e experiências construídas fora dos muros das instituições educacionais.

Basta observarmos as dificuldades que enfrentamos diariamente para compreender o funcionamento de diferentes aparatos tecnológicos (projetores, televisores, aparelhos de som etc.) e a facilidade com que nossos estudantes lidam com essas tecnologias para entendermos o quanto temos a aprender e o quanto eles podem nos ensinar. Em sala, quando me sinto perdido frente às diferentes funções de um simples controle remoto, Mariazinha, em poucos segundos, descobre seu funcionamento e resolve o problema apertando apenas uma tecla.

Além disso, o ato de saber ouvir também está extremamente vinculado à autonomia de nossos estudantes. A liderança construída somente no poder hierárquico encontra "súditos" – pessoas que obedecem passivamente e pouca importância dão aos resultados. A liderança participativa, que sabe ouvir, avaliar e responder às sugestões, às reclamações, às exigências e aos elogios dos membros do grupo, encontra seguidores – pessoas que seguem as qualidades de seu líder e preocupam-se em aprender cada ensinamento, seguir cada conselho.

Assim, amigo leitor, podemos dizer que nossa **sétima lei da conquista é: a verdadeira liderança não nasce do poder, mas da sabedoria em motivar o desenvolvimento das competências**, em ouvir e saber coordenar os diferentes conhecimentos e experiências, em promover o espírito de corpo nas vitórias e nos revezes e em conduzir e orientar estrategicamente o grupo para a realização dos objetivos propostos coletivamente e para a busca dos sonhos individuais, como também, em incentivar e desenvolver a autonomia nas decisões e ações.

O último ponto que gostaríamos de destacar na compreensão da liderança novamente nos remete ao **ato de servir**. O bom líder é aquele que serve aos interesses do grupo, e não somente aos próprios interesses. Meu pai levantava todos os dias de madrugada para trabalhar a 150km de nossa casa e somente regressava à noite, não para servir aos seus próprios interesses, mas às necessidades de sua família.

Amigo leitor, **ser líder não é adquirir um poder, e sim assumir responsabilidades e aceitar sacrifícios**. Por amor, para prover as necessidades da família, meu pai se obrigava a passar a maior parte do tempo longe de seus entes queridos, e o pouco tempo que tinha, dedicava a ensinar a mim e ao meu irmão, através do exemplo, a ficar longe de drogas, a ser sempre honesto, a dar valor aos professores e à escola etc. Mesmo quando sua saúde já estava debilitada, continuou a exercer com o mesmo empenho a missão que assumiu para si: ser pai e conduzir sua família pelo melhor caminho possível (com certeza, o querido leitor teria também belos exemplos em sua família para me contar).

Todo bom líder sabe colocar-se no lugar do outro e, sobretudo, sentir-se responsável pelas pessoas que estão sob sua liderança. Mais do que as palavras, são estas atitudes que esperamos de um líder. Na escola, do mesmo modo, os estudantes sabem identificar perfeitamente os educadores que se preocupam com suas necessidades e buscam compreender suas dificuldades. O que mais desejamos encontrar nas pessoas que escolhemos seguir é a retribuição de seu olhar para nossas carências e a sua disposição a servir o próximo. Como nos ensina Antonio Vieira, "O que serve, por dura que seja sua servidão, sempre tem horas de alívio e descanso; o que manda, nenhuma".

**Segundo Atrator:
LIDERANÇA
Como proceder?**

- A missão de um líder é servir a seu grupo, e não a seus próprios propósitos;

- Não mande, faça junto. Um líder não indica apenas o caminho; um bom líder vai à frente de seu grupo, coordenando as ações, atribuindo funções, recompensando esforços e auxiliando nas dificuldades;

- Aprenda a ouvir. Ninguém é tão competente que não tenha nada a aprender das pessoas com quem convive.

Nosso **terceiro atrator** da sabedoria é a **estratégia**. O termo "estratégia" origina-se da palavra grega *strategos*, que é a união entre *stratos,* multidão, e *agos*, aquele que lidera. *Strategos*, na Grécia Antiga, era como se chamava o general que comandava à distância o seu exército, geralmente de um monte de onde conseguia ter uma visão total do campo de batalha.

Também podemos refletir sobre essa definição a partir de um exemplo da sabedoria do rei Salomão.

Certo dia, ao rei Salomão, que havia sido abençoado por Deus com o dom da sabedoria, apresentou-se um caso de difícil resolução: deveria decidir com quem ficaria um filho disputado por duas mães. O sábio rei Salomão propõe a seguinte solução: cortar a criança ao meio e dar metade a cada suposta mãe. Imediatamente, uma das mulheres renuncia o direito à maternidade, dizendo preferir viver longe da criança a imaginá-la ferida de qualquer forma. Sem hesitar, o rei Salomão entrega a criança à mulher que renunciara o direito de ficar com o filho, justificando que apenas a verdadeira mãe seria capaz de tamanho ato de amor.

O que aprendemos com o rei Salomão é a essência da estratégia. Primeiramente, devemos utilizar nossas experiências anteriores para compreender o cenário com o qual nos deparamos (o rei Salomão compreendia que a natureza da maternidade é sacrificar-se pelos filhos, colocar a própria felicidade em segundo plano). Em seguida, escolher a melhor tática para revelar a verdade daquele cenário e executá-la (o rei Salomão sabia que a verdadeira mãe jamais deixaria algo de mau acontecer a seu filho e propõe uma ação que jamais seria realizada, mas que revelaria a verdade).

Edgar Morin, em semelhante perspectiva, observa que há uma distinção fundamental entre estratégia e programa. Geralmente, procuramos resolver um problema a partir de um método (programa) pré-estabelecido, e prestamos pouca atenção ao cenário em si. Em outras palavras, estruturamos nossas ações a partir de fórmulas que independem das condições do contexto que vivenciamos. Evidentemente, essa é a prática mais econômica e ágil, não há necessidade de maior reflexão, e a ação tende ao automatismo. Entretanto, quando as circunstâncias tornam-se desfavoráveis a esse método pré-estabelecido, nossas ações tendem a fracassar.

A estratégia, ao contrário, prevê ações que se transformam diante do inesperado, adaptando-se à fluidez das situações da vida concreta. Voltando ao contexto escolar, deparamo-nos cotidianamente com a possibilidade de diferentes ações nos variados cenários educacionais que nos aparecem. Embora a "tentação" de utilizar sempre o mesmo método para enfrentar os problemas seja presente, o atrator da sabedoria exige saber escolher e saber perceber qual escolha possibilitará a melhor ação para a conquista. Necessitamos adequar aos diferentes contextos as formas como vamos nos expor, como vamos promover a coletividade, como vamos gerenciar as competências, as nossas limitações e as limitações de nossos estudantes, sempre partindo das condições de cada ambiente.

Quando conhecemos os **ambientes** (se são hostis ou favoráveis), os **conquistandos** e **a nós mesmos** (nossas limitações, virtudes e as ações que podemos executar), e desenvolvemos nossas estratégias a partir desses elementos, a conquista é consequência. Os últimos três exemplos do capítulo anterior, nos quais contei como investi em cursos preparatórios, na elaboração de sistemas de ensino e na relação com os distribuidores, também se encaixam perfeitamente em nossa conversa sobre o atrator da estratégia. Se tivesse permanecido, como meus concorrentes, explorando incessantemente os mesmos métodos de ação sobre os mesmos mercados, e não atuado estrategicamente, meus resultados teriam sido muito inferiores.

Terceiro Atrator:
ESTRATÉGIA
Como proceder?

- Não persista nas mesmas ações quando perceber que os resultados não são positivos, busque novas estratégias;

- A mesma resposta não serve a todas as perguntas, por mais que seja confortável estabelecer condutas padrões (exigir sempre o mesmo formato de trabalho, aplicar sempre a mesma atividade etc.). Não analisar os cenários e os atores de cada interação é deixar de alcançar excelentes resultados.

"Se as normas sobre prêmios e castigos forem claras e aplicadas com prestreza, é então fácil de lidar com muitos como se de poucos se tratasse."

A Arte da Guerra

Nosso **quarto atrator** da sabedoria é a **resiliência**. Chamamos de resiliência nossa capacidade de nos recuperarmos em situações de crise, de nos sobrepormos às dificuldades e de reestabelecermos novas estratégias de ação quando, devido a uma interpretação equivocada do contexto, optamos por uma estratégia equivocada. No meu caso, como possivelmente também tenha acontecido com o querido leitor, a primeira pessoa que me apresentou ao atrator da resiliência foi minha mãe, que sempre me ensinou a nunca desistir, a ter coragem e força na busca de meus objetivos.

Como já contei, em minha experiência no Centro de Preparação de Oficiais da Reserva (CPOR), passei por diversas situações física e psicologicamente desafiadoras; no entanto, consegui superar as dificuldades que a exposição inicial equivocada havia causado e, graças à demonstração de minha resiliência, consegui conquistar o respeito e o carinho dos militares que, a princípio, duvidaram de minha capacidade de adaptar-me às exigências da rotina militar.

Outra história que gostaria de compartilhar foi a jornada para abrir meu primeiro colégio. Inicialmente, foi necessário convencer o proprietário do terreno, no qual havia um motel abandonado, a realizar a obra. Na primeira vez que fui recebido pelo proprietário do terreno, ele me atendeu rapidamente e recusou o projeto. No dia seguinte, depois de reestruturar a proposta, retornei ao seu escritório; no entanto, para ele, tratava-se somente de uma ideia de um jovem sonhador. Disse-me que sua decisão era definitiva, não investiria naquela obra para sediar meu colégio.

Reformulei novamente o projeto e retornei, mas ele não quis me atender. Passei seis meses tentando diariamente agendar um horário até que, certo dia, graças à minha persistência, o proprietário do terreno resolveu me atender pela última vez. Apresentei detalhadamente o projeto, e ele aceitou realizar a obra.

Nesse momento, surgiu o segundo problema: como conseguir os recursos financeiros necessários para a infraestrutura do colégio (quadros, carteiras, cadeiras, divisórias, mesas etc.). Estruturei um projeto financeiro e procurei uma instituição bancária. Novamente, realizei, sem sucesso, várias tentativas. Já havia feito amizade com os atendentes, com os seguranças e com os auxiliares de serviços gerais, mas não conseguia agendar um horário com o gerente geral, o único que poderia autorizar o empréstimo de que necessitava. Entretanto, graças a esse *networking* com os funcionários daquela instituição bancária, consegui uma entrevista com o gerente de outra agência e, para minha felicidade, meu projeto foi aprovado e obtive o empréstimo.

Enfim, amigo leitor, independentemente da grandiosidade de seu objetivo, não faltarão obstáculos. O cansaço, a frustração e a vontade de desistir são naturais, todos nós somos afetados por momentos de incerteza. No entanto, a essência da conquista está sempre em tentar outra vez. Certamente, tentar outra vez não significa insistir nas mesmas ações, mas buscar constantemente outras estratégias que possam o aproximar de seus objetivos, observando cuidadosamente os cenários e os atores que neles atuam.

Entretanto, caro leitor, gostaria de utilizar estes últimos parágrafos para explorar uma dimensão da resiliência sobre a qual há poucos comentários. Já falamos sobre a importância da persistência, de continuar buscando seus objetivos e lutando para superar as dificuldades. Nestas páginas, ainda observamos que nunca devemos desistir, mas também é necessário repensar sempre nossas estratégias, pois ações idênticas tendem a chegar a resultados idênticos. Agora, é chegada a hora de ver a resiliência sob outro olhar: na relação que estabeleço com meu próximo.

**Quarto Atrator:
RESILIÊNCIA
Como proceder?**

- Não desista, não ouça pessoas que tentam desacreditá-lo de seus sonhos. Tente outra vez, procure novas estratégias, novas alternativas, caminhos diversos;

- Aprenda a pedir desculpas. Todos falhamos, não admitir nossas falhas é errar duas vezes;

- O líder que erra e admite não é um líder ruim. Um mau líder é aquele que conduz o grupo ao equívoco por ter medo de assumir seus erros.

Como na natureza, nossa vida é um complexo sistema de organismos interligados. Em outras palavras, **convivemos**. O que permite nossa sobrevivência, mais do que os esforços isolados de diferentes indivíduos, são as ações colaborativas, de cooperação mútua, nas quais os objetivos são perseguidos através de um conjunto de ações realizadas pelos membros do grupo de forma coordenada. Sobre esse tema, já ressaltamos o poder da gentileza, a importância da motivação, do ato de servir e de muitos outros atratores e ações que viabilizam nossas conquistas. Mas ainda cabe ressaltar mais um: **a importância do pedido de desculpas vindo do líder**.

O ato de desculpar-se é reconhecer nossos erros, assumir nossas imperfeições e, sobretudo, expor a nossos interlocutores que erramos e estamos dispostos a mudar nossa conduta a fim de construir uma convivência mais harmoniosa e produtiva.

Entretanto, vindo do líder, o pedido de desculpas também é um poderoso exemplo e um dos principais elos na construção dos laços cooperativos dentro do grupo. Todos temos dificuldades em aceitar nossas imperfeições, entretanto, ao mesmo tempo, consciente ou inconscientemente, acreditamos que os líderes estão acima das falhas e das limitações.

O bom líder, ao pedir desculpas e admitir um erro, permite a seus conquistandos a autorreflexão, possibilita-lhes observarem, sem medo, as próprias imperfeições, pois, se o líder pode falhar, também eles têm esse "direito", também a eles é permitido reconhecer e pedir desculpas pelos próprios erros.

Assim, querido leitor, exercite também essa competência, aprenda a desculpar-se, a assumir suas falhas. Como vimos, a resiliência é persistir, mas também repensar as estratégias e assumir os erros. Com esta pequena atitude que é o ato de desculpar-se, você observará que as pessoas com as quais convive também vão seguir seu exemplo e, consequentemente, tornar a convivência (o viver com) muito mais agradável, harmoniosa e produtiva.

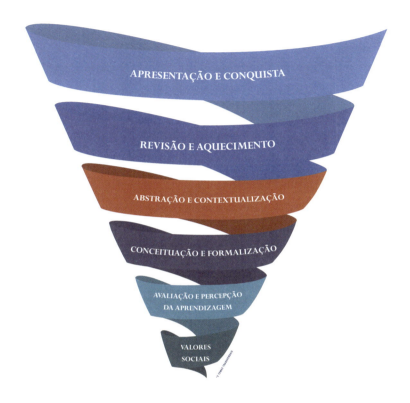

MODA
MÉTODO DE ORGANIZAÇÃO DAS DIDÁTICAS E AVALIAÇÕES

Práticas dos processos de aprendizagem aplicáveis em um cenário real

" A educação é o que resta depois de se ter esquecido tudo o que se aprendeu na escola."
Albert Einstein

CONHECENDO MAIS O MODA:
MÉTODO DE ORGANIZAÇÃO DAS DIDÁTICAS E AVALIAÇÕES

Amigo leitor, acabamos de navegar pelos fundamentos da Coletividade, da Exposição, da Visão Holística, do Autoaperfeiçoamento e da Sabedoria, trajeto inevitável para aproximar, motivar e engajar interlocutores a objetivos comuns, e percurso que deve ser constantemente revisitado para aperfeiçoarmos nossa arte da conquista.

Vimos nestas páginas que a educação está intimamente relacionada com a conquista dos participantes do processo – estudantes, pais, responsáveis, gestores, mantenedores, colegas de trabalho, enfim, todos aqueles que, direta ou indiretamente, formal ou informalmente, participam do processo educacional de nossas crianças e jovens.

Também vimos que a conquista não se limita à nossa vida profissional, ao contrário, estende-se às relações que estabelecemos com nossos familiares, amigos e todas as pessoas com as quais, de uma forma ou de outra, convivemos. Independentemente de onde estivermos, independentemente de com quem estivermos, o exercício dos fundamentos e atratores da conquista possibilitarão a promoção de ambientes emocionalmente positivos e o fácil estabelecimento de laços cooperativos.

Além disso, pudemos observar que a conquista vai além da busca de sonhos e objetivos. A conquista também se insere no exercício da ética, no agir por dever, na noção de igualdade, na gentileza, assim como na construção de ambientes nos quais todos se reconheçam em sua condição de seres humanos constituídos por diferentes culturas, gostos, desejos, emoções, preferências e preocupações.

Pois bem, amigo leitor, a conquista de que falamos nesta obra surge do protocolo "Apresentação e conquista" do **MODA – Método de Organização das Didáticas e Avaliações**, estrutura sistematizada de práticas docentes que desenvolvi a partir de minhas experiências como educador, gestor, mantenedor de instituições educacionais e, o mais importante, pai amoroso e comprometido com a educação de meus filhos.

No **MODA**, busquei conceituar e formalizar importantes ferramentas pedagógicas que possibilitassem relevante melhoria na oferta educacional das instituições de ensino e, consequentemente, no aprendizado de nossos estudantes. Com esta intenção, foram desenvolvidos seis protocolos de atuação em sala de aula, voltados às diferentes dimensões que o processo educacional pode abranger: "Apresentação e Conquista", "Revisão e Aquecimento", "Abstração e Contextualização", "Conceituação e Formalização", "Avaliação e Percepção da Aprendizagem", "Valores Sociais e Temas Transversais".

Como falamos, o livro que o amigo leitor acabou de acompanhar nasce de um desdobramento minucioso do protocolo "Apresentação e conquista", publicado inicialmente em meu livro *A Educação está na MODA* (2015), no qual apresento com detalhes todos os protocolos do **MODA**. Nas próximas páginas, peço ao leitor que me acompanhe em uma breve descrição dos outros cinco protocolos que constituem o **MODA**.

Vem comigo conhecer um pouco mais de meu trabalho.

Segundo Protocolo: "Revisão e Aquecimento"

O protocolo "Revisão e Aquecimento" volta-se a dois aspectos fundamentais de nossa prática docente cotidiana: **o foco atencional e os conhecimentos prévios**.

Em nossos estudos sobre esses temas, observamos que neurocientistas e neuroeducadores abraçam sem reservas a ideia de que a aprendizagem efetiva resulta em aquisição de novos comportamentos, e a prática reiterada desses novos comportamentos fortalece as conexões neurais em que se ancoram, como também a interatividade de diferentes áreas do cérebro a que se relacionam.

Em outras palavras, no protocolo "Revisão e Aquecimento", observamos como processos educacionais que não se preocupam em evitar a dispersão do foco atencional dos estudantes, isto é, a aplicação deficitária das percepções sensoriais (visão, audição, paladar, tato e olfato) e a ativação deficitária dos conhecimentos prévios, ou seja, a desconexão entre a informação inédita com a qual se lida no momento em curso e o conjunto de saberes previamente assimilados e armazenados setorialmente em nossas redes neurais, tendem ao fracasso.

Por isso, voltamo-nos no protocolo "Revisão e Aquecimento" a estratégias educacionais que permitissem dirigir e manter o foco atencional dos alunos nos conteúdos lecionados e, concomitantemente, induzissem os alunos a relacionar os novos conteúdos com conhecimentos anteriormente consolidados em seu aprendizado.

"Como induzir os interlocutores a **focarem sua atenção** no que está sendo proposto como objeto de aprendizagem?" e "como ativar a massa de **saberes prévios** para que os interlocutores possam relacioná-los aos novos conteúdos?" são as duas perguntas que buscamos responder a partir da análise de aportes teóricos de autores de diferentes áreas e das experiências empíricas observadas em nossas instituições de ensino.

Quanto ao foco atencional, na formação desse protocolo, investigamos a importância do conceito de atenção voluntária proposto por Lev Vygotsky e seus desdobramentos mais recentes, o que nos possibilitou a compreensão de que a capacidade de prender a atenção a determinado objeto/objetivo pode ser influenciada diretamente por uma série de fatores:

a) Motivação – O mundo contemporâneo é caracterizado pela agilidade de transmissão das informações e pela fluidez dos conhecimentos. Nossos alunos estão integrados em redes sociais nas quais o fluxo contínuo de assuntos aleatórios e a interação intermitente e rápida entre os parceiros virtuais são características que, em certo sentido, induzem nossos estudantes a uma prática difusa da atenção, diferente do foco atencional unidirecional e constante em torno do qual as instituições educacionais organizam suas práticas.

b) Interesse decorrente de experiências anteriores – a seleção do objeto sobre o qual focalizamos a atenção é determinada por duas forças: a busca por novos estímulos e a busca por recompensas prazerosas. Quando os discentes associam a aprendizagem de determinado conteúdo a uma emoção positiva, focar a atenção torna-se um ato prazeroso e recompensador. No entanto, nos casos em que o aluno fracassa repetidamente em sua busca por recompensas positivas naquela disciplina (acertar uma questão, um elogio ou qualquer outro ato de reconhecimento de seu valor etc.), o nível de stress pode acarretar a liberação do cortisol, hormônio que reduz a atuação dos neurônios do hipocampo, área do cérebro responsável pela memória e pelo aprendizado.

c) Relevância da tarefa proposta – o foco atencional pode ser induzido de forma voluntária e seletiva; assim, motivar o interesse do aluno é imprescindível para se trabalhar o conteúdo curricular e para se realizar a tarefa proposta. O aluno atribuirá relevância ao conteúdo se puder relacioná-lo de maneira positiva com seus próprios valores e experiências existenciais.

d) Estado psicofisiológico do aluno – aspectos fisiológicos também interferem diretamente no foco atencional. A ingestão de alimentos inadequados, por exemplo, pode comprometer gravemente a atenção em sala de aula. Por experiência própria sabemos que refeições "pesadas" (como a feijoada) devem ser evitadas antes de atividades que demandam um bom desempenho cognitivo (como uma avaliação), assim como o jejum absoluto. Estudos científicos também apontam para a estreita relação entre o que ingerimos e o desempenho da função cerebral. Hoje sabemos que alimentos com baixo índice glicêmico (cereais e leguminosas), por exemplo, mantêm o nível adequado de insulina e de glicose (responsáveis por fornecer energia durante as atividades) no sangue, melhorando a cognição e facilitando a memória de curto prazo; ao contrário, também sabemos que uma alimentação baseada em gorduras saturadas e excesso de açúcar reduz a plasticidade e a performance das **conexões neurais (sinapses)**, prejudicando o desempenho cognitivo.

Quanto à **importância dos conhecimentos prévios**, observamos que o aprendizado de qualquer conteúdo depende de conhecimentos previamente adquiridos; no entanto, muitas práticas educacionais privilegiam e recompensam o ato de decorar enunciados, estratégia que os estudantes adotam quando não conseguem estabelecer relações entre os novos conhecimentos e suas experiências e aprendizados anteriores.

O que acontece? Se o aluno for pouco estimulado a relacionar ideias novas com conhecimentos antigos, as conexões neurais anteriormente articuladas em seu cérebro sobre aquele tema não serão ativadas, assim como as interconexões entre os diferentes setores do cérebro serão negligenciadas. Em outras palavras, o conhecimento novo ocupa um lugar instável e desconectado, e será apagado (esquecido) após a prova (quando durar até lá), pois o funcionamento do cérebro humano é essencialmente relacional e compreende como inútil informações desconexas.

O bom educador é um exímio e eficaz desenhista e modificador de estruturas cerebrais; função para a qual necessita conhecer os detalhes dos processos cognitivos envolvidos no ato de aprender.

Nesse sentido, defendemos nesse protocolo que toda abordagem de um conteúdo curricular deve explorar o maior número possível de sistemas sensoriais, a fim de estimular e ativar redes neurais setorialmente abrangentes, sobretudo no que se refere à revisão de saberes prévios e ao aquecimento para o estudo de novos tópicos, com vistas à apresentação e à aprendizagem efetiva de novos conteúdos. Para tanto, o repertório de estratégias e ferramentas educacionais empregadas deve ser dinâmico e flexível. Revisões orais, manuseio de objetos, leitura de textos, audição de material sonoro, interpretação de imagens e de recursos audiovisuais, manejo de ferramentas educativas multimodais, degustação interpretativa de aromas e sabores, entre outros procedimentos, são atividades que estimulam a imaginação e a delimitação do foco atencional, ao mesmo tempo em que exploram e consolidam os saberes já adquiridos, com vistas à compreensão de novas informações.

Portanto, o protocolo de atividades de "Revisão e Aquecimento" no **MODA** foi pensado como forma de sugerir, aos educadores empenhados para com o sucesso de seus alunos, **ferramentas metodológicas que possam atender ao caráter transdisciplinar e intertextual da aprendizagem, uma vez que todo conhecimento apresenta-se como réplica (desdobramento ou resposta) complementar de saberes previamente adquiridos, sejam eles formais ou informais**.

DOS SABERES PRÉVIOS À PRODUÇÃO DE NOVOS SABERES
O que fazer?

- Um saber significativo é sempre dialógico – devemos induzir o aluno a dialogar com os conceitos formais que já maneja, a dialogar com suas próprias práticas sociais e saberes tácitos, pois esses saberes prévios devem alicerçar o conhecimento teórico e formalizado sobre novos assuntos ou conceitos;

- Relembrar, repetir e refazer é manter viva, no cérebro, a informação – a importância da revisão decorre do fato inegável de que esquecemos, sim, aquilo que foi aprendido. Relembrar é reforçar as conexões sinápticas constituídas durante o aprendizado;

- Recompense atitudes positivas, inclusive respostas inadequadas ou imperfeitas – é extremamente importante que você procure recompensar, sempre que possível, os esforços dos alunos, independentemente da adequação ou perfectibilidade dos resultados por eles alcançados.

Terceiro Protocolo: "Abstração e Contextualização"

O protocolo "Abstração e Contextualização" volta-se às articulações entre a abstração e o contexto de aprendizagem.

Partindo das proposições da educadora italiana Maria Montessori, observamos que educar é expandir os limites das experiências vivenciais por meio da correlação entre os saberes prévios e os novos saberes.

Neste sentido, a abstração é a operação cognitiva por cujo intermédio o aluno seleciona e isola seu objeto de aprendizagem do contexto concreto imediato e o conduz à imaginação – às lucubrações introspectivas que lhe permitem inferir características, propriedades e padrões.

Em outras palavras, o processo de abstração permite a generalização dos conhecimentos, isto é, a percepção de que no mundo os fenômenos e padrões de existência se repetem. Por exemplo, abstrair uma característica do contexto imediato da vida de um animal de estimação (nascimento, crescimento, troca de pelo, alimentação, envelhecimento) permite generalizar características que podem ser atribuídas a todos animais da mesma espécie ou a totalidade possível de animais (reais ou hipotéticos). Uma criança que descobre que seu cachorrinho troca de pelo na primavera para preparar-se para o verão, pode generalizar que todos os animais com pelos fazem o mesmo (inferências que depois serão comprovadas ou não).

Assim, o **MODA** parte do princípio de que a abstração (distanciamento de si próprio) é a ferramenta pela qual o aluno pode alcançar o recuo cognitivo necessário para reconhecer e escolher, por meio da imaginação criativa e em seu contexto concreto imediato, características, propriedades e padrões dos objetos de aprendizagem em análise para, em seguida, reconduzi-los a outros objetos.

Em síntese, as práticas educacionais devem considerar dois eixos de ação pedagógica para uma aprendizagem significativa:

a) abstrair, possibilitar ao aluno que alcance um grau satisfatório de autodistanciamento de seu contexto imediato, forma privilegiada de se promover a capacidade imaginativa e o lúdico;

b) contextualizar, retornar da abstração em direção aos outros saberes escolares propostos.

Tome-se como exemplo a história de Hierão, rei da Siracusa, que solicitou a Arquimedes, um dos grandes sábios da Grécia Antiga, que descobrisse se fora feita realmente de ouro a coroa que havia encomendado de um artesão. Arquimedes, mergulhado numa piscina e nos problemas do rei, abstraído de si mesmo, observou que a água transbordava na medida em que seu corpo afundava, em quantidade que dependia da relação entre peso e volume do objeto imerso na água. Desse contexto, Arquimedes ainda abstraiu uma hipótese e imaginou um experimento: numa vasilha com água, mergulhou uma peça maciça de ouro e outra de prata, ambas com o mesmo peso que a coroa do rei Hierão. Pela diferença do volume de água que transbordou, o matemático grego comprovou que a coroa fora feita com uma liga metálica menos densa que o ouro e mais densa que a prata. E assim o sábio pôde abstrair do contexto de experiência uma lei física que leva seu nome, **o Teorema de Arquimedes (princípio do empuxo)**, que se concretiza por meio da linguagem: "Todo corpo mergulhado num fluido em equilíbrio recebe uma força de direção vertical no sentido de baixo para cima, de intensidade igual ao peso do volume fluido deslocado".

Deste modo, afirmamos que a abstração possibilita ao aluno alcançar um estado de recuo cognitivo propício à análise do contexto imediato do problema em estudo. Por meio da imaginação, o aluno poderá explorar diferentes possibilidades de solução, prever o surgimento de novos problemas e equacionar as variáveis implicadas na questão. Por sua vez, a contextualização reconduz as lucubrações imaginárias do aluno às práticas escolares, assim como às dimensões políticas, culturais, históricas, sociais e éticas da sociedade, como o fez Arquimedes.

Educar é conduzir o indivíduo para o mundo, possibilitar a constituição de sujeitos intelectualmente autônomos e eticamente conscientes dos papéis que representam nos grupos sociais, nos diferentes contextos de existência cidadã e cotidiana.

Ao retirar o jovem educando da condição de espectador passivo de um acontecimento alheio à sua vida, a contextualização permite mobilizar competências e habilidades cognitivas prévias, induzindo a produção autônoma de conhecimentos. Em outras palavras, a aprendizagem orientada pela interação entre os conteúdos novos e os saberes consolidados nas estruturas cognitivas do aluno corresponde à aprendizagem significativa de que trata David Ausubel, psicoeducador que se contrapõe a qualquer forma de aprendizagem mecânica, desvinculada dos saberes prévios e do cotidiano do educando.

No âmbito cognitivo, a neurociência sustenta a tese de que **a abstração e a contextualização** eficazes resultam em múltiplos desdobramentos das associações livres ou induzidas entre conteúdos inéditos e prévios, pois imediatamente ativam e estruturam uma significativa quantidade de redes neurais. Os neurocientistas Ramon Cosenza e Leonor Guerra, da Universidade Federal de Minas Gerais, afirmam que o número e a frequência de associações determinam a estabilidade e a consistência das conexões sinápticas, assim como a velocidade e a profundidade da recuperação de saberes armazenados nos circuitos da memória. A atitude de simplesmente decorar um fato, conceito, dado ou informação isolada provoca um fenômeno de registro mnemônico instável, pois se desvincula de conhecimentos anteriormente consolidados nas redes neurais.

Para melhor compreender "**a abstração e a contextualização**", vamos tomar como exemplo o modo como **Jesus Cristo** difundia seus ensinamentos entre discípulos e demais seguidores.

a) num primeiro momento, a história narrada por Jesus Cristo conduz os interlocutores a se abstraírem de seu contexto vivencial imediato, a deixarem momentaneamente de lado os problemas laborais e afazeres domésticos para se lançarem imaginariamente nos cenários e situações narrativos;

b) paralelamente, o narrador contextualiza os fatos narrados por meio de um universo metafórico muito próximo ao mundo de seus ouvintes (agricultores, pescadores, pastores etc.) por meio de metáforas que representam aspectos cotidianos da vida dessas pessoas, tais como a separação do joio e do trigo, o cuidado com o rebanho de cordeiros, a importância central do pastor e o significado da perda de ovelhas de um rebanho;

c) por fim, em cada narrativa, o pregador introduz uma instigante questão contextualizada, sempre próxima ao universo e aos saberes prévios dos ouvintes, para conservar o foco atencional no problema moral que se busca solucionar: o pai deveria conceder ou negar perdão ao filho pródigo? Se você tem cem ovelhas e uma se perde, você sai à procura da ovelha perdida? O que fazer com o joio que se mistura com o trigo?

Ou seja, como o meu querido leitor já concluiu, o protocolo "**abstração e contextualização**" pode ser resumido em três fatores: **a)** tempo dedicado à associação livre de ideias; **b)** articulação entre saberes formalizados e saberes tácitos; **c)** desafios contextualizados de ordem lógico-racional como estímulo ao pensamento.

ABSTRAÇÃO E CONTEXTUALIZAÇÃO
O que fazer?

- A compreensão das metáforas pelos alunos é facilitada pela utilização da contextualização, pois, através dela, é possível que ele correlacione o significado metafórico ao seu mundo, favorecendo a aprendizagem e a eficácia das práticas pedagógicas aplicadas.

- Para que a contextualização seja utilizada de forma eficiente em sala de aula, é preciso conhecer o mundo do aluno, pois ela está diretamente relacionada à capacidade de compartilhar experiências. Conhecer os alunos, seus sonhos, suas preferências e seu cotidiano possibilita a contextualização eficaz dos conteúdos escolares e a otimização dos processos de aprendizagem.

- Exercícios que estimulem a imaginação permitem que o aluno explore diferentes possibilidades de solução para as questões suscitadas em sala de aula. O ato de pensar amplia o conhecimento humano. Portanto, instigue ao máximo o raciocínio do aluno para que ele abrace outras perspectivas de compreensão de seu universo e de sua existência.

Quarto Protocolo: "Conceituação e Formalização"

No protocolo "Conceituação e Formalização", investigamos outros dois fenômenos que integram o processo cognitivo na consolidação dos saberes produzidos em sala de aula: a formação e formalização dos conceitos.

Conforme destaca a psicopedagoga argentina Alicia Fernández, poderíamos dizer que a cognição, processo de aquisição do conhecimento, materializa-se em cinco esferas concêntricas: sensação, percepção, formação de imagens, simbolização e conceituação.

A sensação é o fenômeno que depende das estruturas sensoriais do ser humano (audição, tato, visão, paladar, olfato) e corresponde ao nível mais primitivo de contato com o mundo exterior.

A percepção é a tomada de consciência das sensações abstraídas do mundo exterior. Trata-se de uma forma primária de interpretação e preparação de resposta a esses estímulos sensoriais.

A formação de imagens decorre da interpretação das sensações e percepções com base em registros já existentes na memória, resultantes de experiências vivenciais anteriores, na qual todos os órgãos sensoriais podem estar envolvidos (por exemplo, num leve acidente de trânsito, como um choque lateral no estacionamento da churrascaria, o som da buzina ou da freada, as expressões faciais do motorista ou de passantes, as sensações táteis no volante e nos pedais do veículo, assim como o cheiro da fumaça dos escapamentos e da borracha dos pneus em atrito com o asfalto compõem a imagem sensorial que permanecerá na memória das pessoas envolvidas).

A simbolização é um fenômeno que corresponde à necessidade de representação mental de uma experiência compartilhada do mundo, na qual sentido e valores são atribuídos às imagens constituídas anteriormente.

A conceituação é o fenômeno posterior, decorrente do processo mental que integra a sensação, a percepção, a imagem e o símbolo, em forma de classificação e categorização inicial do conhecimento.

Às cinco categorias de fenômenos cognitivos propostas por Alicia Fernández, o **MODA** acrescenta a formalização, que corresponde à consolidação e concretização individual da ideia abstrata por meio da linguagem na forma de conceitos, que podem ser reutilizados em diferentes situações vivenciais.

Como o colega leitor sabe, a tradicional e conteudista metodologia de ensino reduz os discentes à sua mera capacidade de replicar o conceito na resolução de problemas. Por exemplo, na área das ciências matemáticas, o aluno será capaz de reaplicar a fórmula fornecida pelo professor quando o problema proposto apresentar as mesmas incógnitas, mas dificilmente poderá abstrair **relações lógicas** das tarefas realizadas. Pelo mesmo viés, o discente vê-se privado da possibilidade de atribuir sentido ao que aprendeu, de contextualizar seu conhecimento em ações sobre o mundo concreto e cotidiano, de refutar respostas prontas, de imaginar soluções para problemas que futuramente vão transbordar para além do espaço da sala de aula.

Portanto, a compreensão efetiva e duradoura das questões relacionadas à existência demanda práticas educacionais que abracem dois objetivos imprescindíveis:

a) promover a meta-aprendizagem e o metaconhecimento, ou seja, a capacidade de reflexão sobre o ato de aprender a aprender, pois os processos de aprendizagem são tão ou mais importantes que os conteúdos escolares, principalmente em razão da velocidade com que os novos conhecimentos são produzidos em nosso tempo;

b) induzir **a aprendizagem resiliente**, isto é, a capacidade de recontextualizar e relativizar o conhecimento apreendido, reformulando e consolidando os saberes em conformidade com as novas variáveis dos problemas e as novas circunstâncias de vida.

Como o amigo leitor recorda, a neurociência afirma que o processo de aprender corresponde à aquisição de novos comportamentos que modificam a estrutura cerebral. Em outros termos, a aprendizagem contribui para a modificação ou a consolidação da organização associativa de informações nas redes neurais.

Nesse sentido, a formalização do conhecimento em matrizes conceituais é de fundamental importância, posto que os conceitos são unidades organizacionais das informações que abstraímos do mundo, e possibilitam generalizações e armazenamento econômico de nossas experiências em categorias e classes. Grande parte de nosso conhecimento está armazenada em categorias conceituais que organizam novas entradas por propriedades de identidade e equivalência. Em outras palavras, meu querido leitor, quando vemos uma goiabeira, classificamos esse objeto do conhecimento na categoria "árvore", pela identidade que apresenta com outras goiabeiras que já vimos; pelo viés oposto, diante de uma planta desconhecida, como uma lichieira, também a classificamos na categoria "árvore", por equivalência.

Por esses motivos, quanto mais extenso o conhecimento acessado para a formulação do conceito, quanto maior a quantidade de elementos utilizados para a formalização de categorias, mais efetiva será a otimização da conceituação e a capacidade de recontextualização do conceito diante de novas situações. Ao contrário, como o querido leitor já concluiu, o ato de decorar o conceito estabelece ligações mínimas com outros conhecimentos (muitas vezes, apenas com o exemplo que o professor trouxe à sala de aula), por isso é comum observarmos alunos que decoraram o conceito não conseguirem utilizá-lo em novos problemas que diferem minimamente da questão utilizada como modelo de aplicação.

Neste sentido, como o amigo educador deduziu, a conceituação e formalização são operações cognitivas cotidianas e compartilhadas por todos nós, sem pertencer exclusivamente às atividades científicas e artísticas desenvolvidas em laboratórios ou salas de aula.

A diferença entre a nossa aprendizagem cotidiana e a aprendizagem escolar é que as instituições de ensino operam com conceitos formalizados e amplamente aceitos dentro das diferentes áreas do conhecimento humano: as leis de Newton, o teorema de Pitágoras, as classes gramaticais, as características das escolas literárias, a composição dos solos, por exemplo, são conceitos, descrições, leis, categorias e fórmulas já estabelecidas, mesmo que transitoriamente, no conjunto do conhecimento científico e artístico da humanidade.

Nesse sentido, um dos grandes enganos da educação orientada pela memorização mecânica de conceitos é ignorar que as operações cognitivas dos alunos são as mesmas operações anteriormente realizadas para a concepção e materialização dos conceitos, fórmulas e leis que se pretende ensinar.

Como bem observa Edgar Morin, compreender significa aprender em conjunto, *com-prehendere*. As partes e o todo, o múltiplo e o uno, o local e o global, o texto e o contexto, o individual e o comunitário devem estar em constante diálogo nas práticas educacionais.

Uma aprendizagem efetiva ocorre por meio da repetição constante de estímulos e da relação com o maior número possível de outras informações já consolidadas nas redes neurais.

CONCEITUAÇÃO E FORMALIZAÇÃO
O que fazer?

- Os conceitos resultam de percepções pessoais sobre a complexidade do mundo. O mundo se apresenta como contexto para qualquer forma de conhecimento, portanto a construção e a consolidação de um conceito em sala de aula não devem considerar apenas o saber estabilizado na tradição científica, mas também o cotidiano do aluno, o contexto local e global, o bairro, a escola, as redes sociais, os *blogs*, os programas de televisão, as músicas etc.;

- Leve seus alunos ao insubstituível exercício da prática. Em biologia, podemos levar os alunos a reproduzirem com materiais reciclados as estruturas morfológicas de uma flor; em química, os alunos podem vivenciar experiências sensoriais (gustativas, olfativas, visuais, táteis e auditivas) que ilustrem as transformações moleculares dos elementos; nas aulas de matemática, objetos domésticos ou pessoais podem servir para medições e cálculos, ou as mesadas podem se transformar em tema de planejamento econômico;

- É preciso aprender, mas é essencial aprender a aprender. O conjunto de conhecimentos acumulados nas últimas décadas e a fácil consulta e obtenção de dados virtualmente aponta a um novo paradigma para a educação: as escolas precisam ensinar o aluno a aprender de forma autônoma, a conscientemente aplicar metodologias e procedimentos sistemáticos de construção do saber.

Quinto Protocolo: "Avaliação e Percepção da Aprendizagem"

No protocolo "Avaliação e Percepção da Aprendizagem", analisamos que as práticas avaliativas podem levar o educando à construção de seu próprio saber quando elaboradas com o fim de servir para o acompanhamento permanente, efetivo e afetivo do processo de aprendizagem.

Toda avaliação efetiva, conforme propõe o renomado educador José Carlos Libâneo, deveria articular-se em três etapas: **a)** coleta de dados sobre o fenômeno analisado, com base em método previamente estruturado; **b)** apreciação valorativa dos dados coletados, segundo critérios previamente definidos; **c)** proposição de ações que permitam adaptar, substituir, corrigir, repetir, consolidar ou otimizar os procedimentos e fenômenos, em função dos resultados positivos ou negativos da avaliação.

No caso das organizações educacionais, os processos avaliativos podem ser classificados em duas categorias distintas:

A avaliação administrativa, destinada à coleta e à apreciação de dados quantitativos e qualitativos sobre alunos, professores, auxiliares técnico-administrativos, estrutura física, recursos materiais e didáticos, para fins de aprimoramento dos processos de gestão;

A avaliação acadêmica, destinada à coleta de informações quantitativas e qualitativas sobre os processos de aprendizagem, baseada no acompanhamento do desempenho dos alunos e da efetividade das políticas e metodologias educacionais implementadas pela instituição.

No protocolo "Avaliação e Percepção da Aprendizagem", concentramos nossos esforços para melhor definir as práticas e procedimentos de avaliação acadêmica, como forma de execução de bons diagnósticos sobre o aprendizado dos alunos, assim como sobre a adequada aplicação de políticas e metodologias em diferentes contextos de aprendizagem.

Nessa perspectiva, observamos quatro categorias gerais dos processos avaliativos:

a) A Avaliação Diagnóstica – fornece ao educador informações básicas sobre o estado efetivo do conhecimento discente, o aproveitamento cognitivo e eventuais problemas encontrados nos processos de aprendizagem. Além do diagnóstico, esta modalidade avaliativa deve ser uma prática constante, reiterada ao longo de cada módulo de aprendizagem, pois indica direções oportunas para as subsequentes avaliações formativas e somativas.

b) A Avaliação Formativa – também conhecida como processual ou de desenvolvimento, aplica-se no decorrer dos processos de aprendizagem com o objetivo de permitir que o educador acompanhe efetivamente seus educandos, ao longo do trajeto definido pelos objetivos educacionais. Essa forma de avaliação possibilita ao professor e ao aluno a tomada de consciência sobre erros e acertos que se manifestam no processo de aprendizagem de determinado conteúdo ou grupo de conteúdos.

c) A Avaliação Somativa – aprecia o produto resultante do processo de aprendizagem, razão pela qual é realizada, geralmente, ao término de um módulo de aprendizagem, para quantificar a soma de conhecimentos consolidados, ainda que aproximadamente. O uso exclusivo da avaliação somativa implica dois problemas de grande envergadura: por um lado, diagnostica o conhecimento pontual, sem contemplar o progresso ou desenvolvimento cognitivo do aluno; por outro lado, a fidelidade e precisão dessa forma avaliativa são fragilizadas por fatores extrínsecos, tais como distúrbios emocionais, estresse momentâneo, fobia a processos avaliativos, problemas de saúde física, entre outros. O resultado também pode ser falseado por aspectos como o emprego pontual da memória de curta duração, pois uma revisão de conteúdos imediatamente anterior à avaliação trará reflexos positivos, mas o aluno logo se esquecerá das respostas e informações que foram frágil e provisoriamente assentadas nos caminhos neurais.

d) A Autoavaliação corresponde à análise crítica que o aluno realiza do próprio processo de aprendizagem, e destina-se ao exercício pedagógico da metacognição, isto é, a reflexão do aluno sobre seus próprios conhecimentos, habilidades e compreensão dos processos cognitivos e produções realizadas para as disciplinas que compõem o currículo escolar. A maior contribuição da autoavaliação é fazer com que o aluno tome consciência de suas potencialidades e dificuldades, para que possa se corresponsabilizar pelo seu aprendizado. Segundo Philippe Perrenoud, a autoavaliação possibilita ao estudante o diagnóstico e a regulação de sua própria aprendizagem, assim como das condições de ensino em sua instituição.

Ao observarmos nossa legislação educacional, podemos depreender que cabe aos educadores a prática desses quatro modos avaliativos. A **Lei das Diretrizes e Bases da Educação Nacional – LDB (1996)** dispõe que, na educação básica, a verificação do rendimento escolar observará "a avaliação contínua e cumulativa do desempenho do aluno, com prevalência dos aspectos qualitativos e dos resultados ao longo do período sobre os de eventuais provas finais". Os **Parâmetros Curriculares Nacionais – PCN (1998)** compreendem a avaliação como "parte integrante e intrínseca ao processo educacional".

Em outros termos, para muito além da mera classificação dos alunos, a avaliação serve a quatro propósitos essenciais para o sucesso dos processos de aprendizagem:

a) fornecer subsídios para o professor refletir continuamente sobre a adequabilidade dos objetos de aprendizagem e sobre as práticas, procedimentos e métodos que norteiam as aulas;

b) permitir ao aluno a tomada de consciência de suas dificuldades no processo de aprendizagem, possibilitando a reorganização de seu tempo de estudos e a própria reavaliação dos métodos e procedimentos que utilizou para estudar;

c) permitir ao gestor ou mantenedor a identificação de priorida-des e o redirecionamento de esforços e recursos materiais para as áreas que apresentam rendimento inadequado aos objetivos estabelecidos no plano político-pedagógico da instituição educacional;

d) fornecer aos pais ou responsáveis uma visão abrangente das dimensões cognitivas, afetivas, sociais e éticas que devem obrigatoria-mente integrar os processos de aprendizagem dos jovens educandos, pos-sibilitando que também interfiram adequadamente em tais processos.

Além disso, como bem observa Edgar Morin, a realidade e os problemas apresentam-se cada vez mais de forma multidisciplinar, multidimensional e transnacional; logo, as avaliações devem contemplar metodologias que, para além de provas, testes e exames pautados nos códigos verbais oral e escrito, devem também prever seminários, debates, entrevistas, relatórios, observações, trabalhos em grupo e outras atividades multimodais que solicitem a interação entre os códigos verbais e os códigos gráficos, pictóricos, imagéticos, sonoros e cinematográficos, como também a relação constante entre conhecimentos escolares e os dilemas sociais, culturais, econômicos, ecológicos e éticos que acompanham as sociedades.

Cabe igualmente sublinhar que a diversificação das metodologias, códigos e suportes dos processos avaliativos também contribui para a motivação adicional dos educandos, pois reflete a realidade diversa e multidimensional em que hoje vivemos, ao mesmo tempo em que incentiva e permite a expressão de habilidades e aptidões específicas de cada educando.

Também é fundamental que o aluno tenha clareza prévia sobre os critérios e instrumentos de avaliação ("o quê", "por quê", "como", "quando", "para quê" e "com quê"), assim como os demais interessados (pais ou responsáveis, gestores ou mantenedores).

AVALIAÇÃO E PERCEPÇÃO DA APRENDIZAGEM
O que fazer?

- A avaliação é o momento mais importante para a conquista afetiva do aluno. O professor deve traçar estratégias que transformem os processos avaliativos em momentos nos quais o aluno possa sentir-se recompensado pelos acertos ou instigado a corrigir os erros pelo desejo da recompensa;

- Toda avaliação requer finalidades, objetivos, critérios e instrumentos previamente definidos para todos os atores. Imagine, colega educador, que você seja avaliado em sua atuação docente sem conhecimento prévio sobre os critérios utilizados. Consideraria justa a avaliação? Como faria para melhorar seu desempenho se não pudesse identificar suas falhas? Pois bem, todos os atores do processo de aprendizagem (alunos, pais, responsáveis, educadores, gestores e mantenedores) devem conhecer a totalidade das práticas avaliativas;

- A prática de se autoavaliar é uma conduta cotidiana que deve fazer parte da escola. A prática da autoavaliação permite ao aluno a análise do próprio processo de aprendizagem, a reflexão sobre seus conhecimentos e habilidades, sobre suas potencialidades e dificuldades. A autoavaliação é uma forma de diagnóstico que transforma o jovem educando em corresponsável pelo seu aprendizado, pois, ao identificar suas necessidades e aptidões, o aluno buscará sanar dificuldades e explorar suas melhores competências, condição necessária para sua autonomização frente às experiências da vida.

MODA

Sexto Protocolo: "Valores sociais e Temas Transversais"

No protocolo "Valores sociais e Temas Transversais", voltamos nossa atenção à reflexão sobre a dimensão transversal da Ética na Educação. Observamos como a racionalidade das políticas econômicas e das tecnologias de produção negligenciaram as questões morais e éticas que se constituem em nossas sociedades, ocasionando alarmantes consequências ecológicas, sociais e humanas, e discutimos o papel das instituições educacionais na procura pela reversão deste preocupante cenário.

Amigo leitor, no modelo tradicional de escola que conhecemos, os processos de aprendizagem pressupõem a presença e controle permanente de uma autoridade superior (professor, diretor, pedagogo) e as práticas didáticas se resumem à transmissão verticalizada de saberes e ao desenvolvimento padronizado de competências já preestabelecidas. O aluno, nessas instituições, é o ser que deve ser corrigido, controlado e modelado até assumir a forma desejada.

Como viemos observando, tais práticas educacionais desconsideram fatores imprescindíveis para o processo de formação dos estudantes em nosso mundo contemporâneo, tais como a afetividade, a imaginação criativa, a abstração, a contextualização e a independência intelectual. No protocolo "Valores sociais e Temas Transversais", também observamos como o modelo tradicional de escola não está mais conseguindo cumprir satisfatoriamente a missão educacional de formar sujeitos éticos, críticos, participativos e autônomos em nossos dias.

Na contemporaneidade, a educação institucionalizada deve almejar, primeiramente, a formação de cidadãos conscientes de seus direitos e deveres, ponto fulcral para a resolução das questões sociais e ambientais.

Os progressos científicos e os avanços tecnológicos demonstram a exorbitante capacidade criativa da espécie humana – ampliamos nossa expectativa de vida em muitos anos, promovemos a cura para diversas doenças e problemas congênitos, incrementamos a produção de gêneros alimentícios, inventamos incríveis formas de comunicação, multiplicamos os meios de transporte etc. Por outro lado, também demostramos uma gigantesca capacidade de destruição social e ambiental, alargamos e ampliamos o potencial bélico de grupos e nações, aprofundamos a concentração de renda, perpetuamos a exclusão social, causamos o surgimento de novas doenças físicas e psíquicas e, pela primeira vez na história da humanidade, a ciência e a tecnologia nos aproximaram excessivamente da possibilidade de extinção da vida em nosso planeta.

Nesse contexto, voltarmo-nos apenas ao desenvolvimento intelectual não é o suficiente. Com igual empenho e intensidade, também é preciso promover a adesão a valores éticos, é necessário formar cidadãos proativos e socialmente engajados. Como bem relembra Edgar Morin, o autêntico e resiliente desenvolvimento humano implica o permanente aprimoramento da autonomia individual e coletiva, a contínua participação proativa na comunidade, o sentimento de pertencimento à humanidade e ao cosmos.

Por tal razão, para muito além do ensino eficiente dos conteúdos escolares técnicos, a educação de nosso século deve privilegiar a formação de cidadãos plenos, sujeitos conscientes de seus direitos e responsabilidades civis, e empenhados na participação social. O educando precisa abraçar a ideia de que é um sujeito constituído pelas relações interpessoais que se consolidam no convívio social, pelas funções participativas e cooperativas que assume na comunidade, pelas formas compartilhadas de convivência de sobrevivência no mundo.

Neste sentido, o **MODA** parte do pressuposto de que a educação de nossa época precisa se desdobrar em constante reflexão sobre a necessária relação entre o eu, o outro e o mundo; sobre os limites da liberdade e da autonomia individual; sobre a extensão e o alcance da responsabilidade social das ações individuais e coletivas. A dignidade da pessoa humana, fundamento da liberdade e da justiça, é o valor fundamental que deve nortear toda prática educativa.

É preciso educar não só para a resolução dos problemas que os diferentes conteúdos escolares propõem, mas também é fundamental preparar o educando para a mútua compreensão entre as pessoas, para a ética da solidariedade, para a consciência cidadã.

Neste ponto, o diálogo entre as diferenças é o primeiro passo para a criação de uma cultura do respeito ao outro, do respeito ao pluralismo das diferentes visões de mundo presentes no seio de uma mesma comunidade. Tal condição é imprescindível para a necessária consolidação de um Estado democrático, justo, inclusivo e equitativo.

Além disso, a escola é lugar privilegiado para a promoção das responsabilidades, da ideia de que toda grande transformação do mundo surge de pequenas atitudes individuais e cotidianas, acessíveis a cada um de nós. O combate efetivo à corrupção e à criminalidade, por exemplo, para além das leis, regulamentos e normas, para além da atuação coercitiva dos poderes legislativo, executivo e judiciário do país, implica a adesão de todos nós à mais profunda dimensão ética da existência. Comprar CD e DVD pirata. Estacionar em vagas reservadas a idosos. Furar o sinal. Comprar uma mochila sem pagar o devido imposto. Furar filas. Colar na prova. Plagiar em trabalhos escolares. Fazer gatos de energia elétrica ou sinais de televisão. Adquirir produtos de origem suspeita. Eis aí o gérmen da corrupção; por isso, a partir da conscientização sobre as implicações morais das pequenas transgressões, podemos iniciar a formação de uma cidadania ética e participativa.

Por este mesmo viés, a educação devotada à aceitação do outro e ao respeito na convivência social pode iniciar pela reflexão sobre as ações destinadas a promover a convivência social harmônica, tais como o simples gesto de ceder o lugar no ônibus para gestantes e idosos, observar as regras de trânsito, segurar a porta do elevador, agradecer à atendente da cantina etc.

Complementarmente, destacamos a importância do exemplo do educador. Como nos ensina o filósofo e educador Mário Sérgio Cortella, no espaço da sala de aula, as ações do professor também orientam os valores comportamentais e ilustram o sentido moral da existência humana.

Quando o professor consegue se colocar no lugar do outro, torna-se um modelo positivo e orienta seu educando a também agir da mesma forma.

Em poucas palavras, o **MODA** promove a ideia de que as instituições escolares têm o compromisso com um projeto educacional que se destine à formação de sujeitos proativos, capazes de reflexão autônoma e intervenção prática frente aos dilemas éticos que se impõem à contemporaneidade.

VALORES SOCIAIS E TEMAS TRANSVERSAIS
O que fazer?

- Educar para o futuro é educar para a responsabilidade. A educação devotada à formação de sujeitos responsáveis compreende a criatividade, a experimentação, a possibilidade de erros e acertos. O sacrifício, o esforço, a tomada de decisões, as sanções, as frustrações, as renúncias, as conquistas e os elogios fazem parte do aprendizado da responsabilidade e da autonomia.

- Educar para o futuro é ensinar a trabalhar em equipe. Trabalhar em equipe requer uma longa aprendizagem que implica a responsabilidade para com prazos e execução de atividades conjuntas, pressupõe o comprometimento com a equipe, solicita a humildade de se respeitar opiniões divergentes, a fidelidade aos companheiros, a criativa articulação conjunta de contribuições díspares, a cooperação com colegas menos habilidosos em quesitos específicos, a modéstia para assumir erros, entre outras atitudes que são fundamentais para a vida futura do educando. Ademais, as soluções para os problemas do mundo contemporâneo dificilmente são concebidas por uma só pessoa, mas geralmente resultam do trabalho de equipes multidisciplinares.

- Educar para o futuro é partir das relações éticas presentes. O respeito com o colega, a cordialidade com todos os funcionários da instituição, a preocupação com a preservação dos diferentes ambientes da escola, o compromisso na realização de trabalhos e atividades... Enfim, a ética na escola deve ir além dos estudos teóricos e orientar-se, sobretudo, no dia a dia das instituições. É partindo de nossa própria casa que podemos transformar o mundo.

Então era isso...

Caro amigo leitor, agradeço-lhe por ter aceitado o convite de navegarmos juntos sobre os mares da conquista, um dos princípios fundamentais das relações interpessoais.

Este livro nasceu do desejo iminente que surgiu em mim de compartilhar de maneira mais profunda o primeiro protocolo "Apresentação e Conquista", do meu livro anterior *A Educação está na MODA* – **Método de Organização das Didáticas e Avaliações,** e, desde já, convido o amigo leitor a realizar uma sucinta apreciação ao final deste livro. Como vimos, o ato da conquista é impulsionado por um conjunto de ações que, realizadas de forma acertada, poderá resultar na aproximação, motivação e comprometimento de nossos interlocutores a um único intuito.

Através dos CEVAS da conquista:

Podemos assimilar, por meio dos fundamentos e das leis da conquista, tudo aquilo que pode ser utilizado como atrator e distrator na conquista educacional. Porém, é preciso lembrar que este livro contém sugestões que contribuem não somente na esfera educacional, mas também em nossas relações diárias de forma subjetiva.

Por isso, desejo genuinamente que, por intermédio destas páginas, o leitor entenda a ética, o autoconhecimento, a motivação, a resiliência e tantos outros atratores que podem corroborar em sua construção pessoal e contínua.

Agradecimentos

Deus, eu Te amo tanto, e o Senhor a cada dia me dá tantos presentes. Meus pais maravilhosos, Jonas e Nilze, meus lindos filhos, Edson Urubatan e Miguel Malik, minha esposa e melhor amiga, Michelle, me fazem a cada dia uma pessoa feliz. Sou grato por fazer parte da vida deles, saber que Tu poderias ter escolhido tantos espíritos para colocar em suas vidas e Tu me escolhestes.

Viver com meus amigos e minha linda família que tanto me ajudaram, ter um abrigo e ainda poder até me alimentar...
Meu Paizinho querido, o Senhor é demais, sua generosidade para comigo me faz sentir a pessoa mais rica do Universo. Senhor, não deixe meu ego e a soberba habitarem em mim. Enche-me com Tua sabedoria para que eu compreenda as coisas e para que eu possa ser grato a cada amanhecer.

Tu promoves sempre encontros para me abençoar, alguns para que eu abençoe e outros que nunca entendi, mas confio na Tua bússola que sempre me conduz por águas de descanso.

Te amo, Senhor, e se Tu me deres sabedoria e força diária para te buscar eternamente, serei rico, pois tendo a Ti, sempre terei mais do que o suficiente.

"Ainda que eu andasse pelo vale da sombra da morte, não temeria mal algum."

Salmos 23

Referências bibliográficas

ARISTÓTELES. **Arte retórica e arte poética.** Rio de Janeiro: Ediouro, 2005.

AUSUBEL, David Paul. **Aquisição e retenção de conhecimentos:** uma perspectiva cognitiva. Lisboa: Plátano, 2003.

BAKHTIN, Mikhail Mikhailovich. **Estética da criação verbal.** Tradução de Paulo Bezerra. São Paulo: Martins Fontes, 2003. p. 394-410.

BAUMAN, Zygmunt . **Amor líquido:** sobre a fragilidade dos laços humanos. Rio de Janeiro: Jorge Zahar Ed., 2004.

_____.**Modernidade líquida.** Rio de Janeiro: Jorge Zahar Ed., 2001.

BÍBLIA, A. T. Salmos. In: BÍBLIA. Português. Bíblia Sagrada Fonte de Bênçãos: Antigo e Novo Testamentos. Tradução de João Ferreira de Almeida. São Paulo: Sociedade Bíblica do Brasil, 2009. p. 522.

BÍBLIA, A. T. Provérbios. In: BÍBLIA. Português. Bíblia Sagrada Fonte de Bênçãos: Antigo e Novo Testamentos. Tradução de João Ferreira de Almeida. São Paulo: Sociedade Bíblica do Brasil, 2009. p. 540.

BÍBLIA, A. T. Provérbios. In: BÍBLIA. Português. Bíblia Sagrada Fonte de Bênçãos: Antigo e Novo Testamentos. Tradução de João Ferreira de Almeida. São Paulo: Sociedade Bíblica do Brasil, 2009. p. 548.

BÍBLIA, N. T. Romanos. In: BÍBLIA. Português. Bíblia Sagrada Fonte de Bênçãos: Antigo e Novo Testamentos. Tradução de João Ferreira de Almeida. São Paulo: Sociedade Bíblica do Brasil, 2009. p. 930.

BÍBLIA, N. T. I Timóteo. In: BÍBLIA. Português. Bíblia Sagrada Fonte de Bênçãos: Antigo e Novo Testamentos. Tradução de João Ferreira de Almeida. São Paulo: Sociedade Bíblica do Brasil, 2009. p. 976.

BRASIL. Ministério da Educação e do Desporto. Secretaria de Educação Fundamental. **Parâmetros curriculares nacionais:** primeiro e segundo ciclos do ensino fundamental. Brasília: MEC/SEF, 1998.

COHEN, Irun R. **Tending Adam's garden:** evolving the cognitive immune self. San Francisco: Academic Press, 2000.

CARROLL, Lewis. **Alice's Adventures in Wonderland.** London: Penguin Books, 2006.

CORTELLA, Mário Sérgio. **Educação, escola e docência:** novos tempos, novas atitudes. São Paulo: Cortez, 2014.

COSENZA, R. M.; GUERRA, L. B. **Neurociência e educação:** como o cérebro aprende. Porto Alegre: Artmed, 2011.

DESCARTES, René. **Discurso do método.** Tradução de Maria Ermantina Galvão. São Paulo: Martins Fontes, 2001. p. 5.

DECETY, Jean. **Naturaliser l'empathie.** L'Encéphale. Issy-les-Moulineaux, v.28, n.1, 2002. p.29-20.

EINSTEIN, Albert. **Como vejo o mundo.** Rio de Janeiro: Nova Fronteira, 1981.

SPINOZA, Baruch. **Obra Completa.** São Paulo: Perspectiva, 2014.

FERNÁNDEZ, Alicia. **A inteligência aprisionada:** abordagem psicopedagógica clínica da criança e sua família. Porto Alegre: Art Med, 1991.

FOUCAULT, Michel. **Vigiar e punir:** nascimento da prisão. Petrópolis: Vozes, 2010.

GALLESE, V.; RIZZOLATTI, G.; FOGASSI, L. **Action recognition in the premotor cortex.** Brain, Oxford University Press, Oxford, v. 119, n. 2, p. 593-609. 1996.

GARDNER, Howard. **Estruturas da mente:** a teoria das múltiplas inteligências. Porto Alegre: Artes Médicas, 2001.

GOLEMAN, Daniel. **Emotional Intelligence.** New York: Bantam Books, 1995.

GOLEMAN, Daniel. **Foco:** a atenção e seu papel fundamental para o sucesso. Tradução de Cássia Zanon. Rio de Janeiro: Objetiva, 2014, p. 73, 1.ed.

GRANOVETTER, Mark S. Economic action and social structure: The problem of embeddedness. **American Journal of Sociology**, University of Chicago Press, Chicago, nov. 1985, v.91, n.3, p. 481-510.

GRESHAM, F.M.; VAN, M.B.; COOK, C.R. Social Skills Training for Teaching Replacement Behaviors: Remediating Acquisition Deficits in At-Risk Students. **Behavioral Disorders**, Virgínia, ago.2006, v.31, n.4, p. 363-377.

KANT, I. **Crítica da razão pura** (Os pensadores). São Paulo: Nova Cultural, 1987, v.I.

_____. **Crítica da razão pura** (Os pensadores). São Paulo: Nova Cultural, 1988, v.II.

KIM, W. C.; MAUBORGNE, R. **A estratégia do oceano azul:** como criar novos mercados e tornar a concorrência irrelevante. Rio de Janeiro: Elsevier, 2005.

LIBÂNEO, José Carlos. **Organização e gestão da escola:** teoria e prática. São Paulo: Heccus, 2013.

LIPOVETSKY, Gilles. **A Era do vazio.** Tradução de Miguel Serras Pereira e Ana Luísa Faria. Lisboa: Editions Gallimard, 1983.

LOPES, Josiane. Piaget: a lógica da criança como base do ensino. **Nova Escola**, São Paulo, ano XI, n.95, p.9-15. ago. 1996.

MAFFESOLI, Michel. **O tempo das tribos.** Rio de Janeiro: Forense Universitária, 1998.

MARINA, José Antônio. **Teoria da inteligência criadora.** Rio de Janeiro: Guarda-Chuva, 2009.

MONTESSORI, Maria. **The Montessori Method**. Thousand Oaks: BN Publishing, 2008.

MORIN, Edgar. **Os sete saberes necessários à educação do futuro**. São Paulo: Cortez; Brasília: Unesco, 2011.

NIETZSCHE, Friedrich. **A vontade de poder.** Rio de Janeiro: Contraponto, 2008.

PAIVA, V. L. M. O.; NASCIMENTO, M. **Sistemas adaptativos complexos:** lingua(gem) e aprendizagem. São Paulo: Pontes Editores, 2011.

PASCAL, Blaise. **Pensamentos (Pensées).** In: MILLIET, Sérgio (trad. e org.) & DES GRANGES, Ch. M. (introdução e notas). Rio de Janeiro: Tecnoprint Gráfica S.A., 1966.

PERRENOUD, Philippe. Não mexam na minha avaliação! Para uma abordagem sistêmica da mudança pedagógica. In: ESTRELA, A.; NÓVOA, A. (org). **Avaliações em educação: novas perspectivas.** Porto: Porto Editora, 1993.

PILETTI, C. ; PILETTI, N. **História da educação:** de Confúcio a Paulo Freire. São Paulo: Contexto, 2016. p. 65.

PLATÃO. **A República.** Tradução de Leonel Vallandro. Rio de Janeiro: Nova Fronteira, 2011. p. 44.

PLATÃO. **Defesa de Sócrates.** Tradução de Jaime Bruna. São Paulo: Abril, 1972.

PLATÃO. **A República.** Tradução de Enrico Corvisieri. Rio de Janeiro: Editora Best Seller, 2002.

PRÉ-SOCRÁTICOS. **Pré-Socráticos.** São Paulo: Nova Cultural, 2005. (Coleção Os pensadores)

TIN, Emerson. **Citações do Padre Antonio Vieira.** Escolhidas e anotadas por Emerson Tin. São Paulo: Tordesilhas, 2011.

ROSNER, S.; HERMES, P. **O ciclo da autossabotagem.** São Paulo: Best Seller, 2014.

SCHOPENHAUER, Arthur. **Aforismo para a sabedoria de vida.** São Paulo: Martins Fontes, 2002.

_____. **O mundo como vontade e como representação.** Tradução, apresentação, notas e índices de Jair Barboza. São Paulo: Editora UNESP, 2005.

_____. **O mundo como vontade e como representação.** Tradução, apresentação, notas e índices de Jair Barboza. São Paulo: Editora UNESP, 2015.

TZU, Sun. **A arte da guerra.** Tradução de Pietro Nassetti. São Paulo: Martin Claret, 2005. p. 42-102.

URUBATAN, Edson. **A Educação está na MODA.** Rio de Janeiro: Brasil Sabendo, 2015.

WATSON, John Broadus. **Behaviorism**. New York: Norton, 1970.

VYGOTSKY, Lev Semenovitch. **A formação social da mente.** São Paulo: Martins Fontes, 1991.

"A alegria está na luta, na tentativa, no sofrimento envolvido e não na vitória propriamente dita."

(Mahatma Gandhi)

Papel de capa: cartão triplex 250g/m^2
Papel de miolo: offset 90g/m^2
Impressão: Zit Gráfica e Editora Ltda.